世界中から人身売買がなくならないのはなぜ？

子どもから
おとなまで売り買いされて
いるという真実

小島優　開発コンサルタント
原由利子　反差別国際運動事務局長
人身売買禁止ネットワーク運営委員

合同出版

この本を読むみなさんへ

「人身売買って今もありようと？」

「え、日本にも売られてくると？」

「なんで、なくならんと？」

博多にいる中学生の姪っ子が、人身売買のことを聞いていただいた素朴な疑問です。本書はそんな問いに答えるもので、一緒に考えるための材料です。

人の売り買いは、古代ローマの時代から、奴隷制や奴隷貿易の形をとって世界中でおこなわれてきました。日本でも昔から、生活が苦しくなると、親が子を「奉公」という形で売っていました。

今は奴隷制度も禁止され、人身売買もなくなったのでは？　と思いたいところですが、人・物・金が世界をかけめぐる地球一体化《グローバル》のなかで、ますます人に値段がついてさまざまな形で売買されているのが現状です。その値段は、年齢・国籍・民族・性別・出自などによって決まります。性産業に売られるほか、家事労働や物乞い、農園や鉱山、漁業の場、ものづくりの場で、借金を背負わされて働き続けています。また子ども兵士として、またときに養子の形をとり、さらには臓器売買のための人身売買も起きています。そしてその数は、米国務省の２０１０年の報告では、少なくとも

1230万人と推計されています。

そして忘れてはならないのは、日本が人身売買の受け入れ大国であるという事実です。さまざまな形態の人身売買が日本でどういう形でおこなわれているかを知れば、これまで見えていなかった足元の現実にはっとさせられます。

私がNGOでこの問題に取り組んできて痛感することは、人身売買が、「一部の悪い人」だけの問題ではなく、日本の誰にでもつながる身近な問題だということです。日本の性産業や労働市場に需要があるからこそ人身売買があり、経済や社会を下支えする必要悪となっています。そしてそれは、なぜ人身売買はなくならないのか、という問いへの1つの答えになっています。歴史を見れば、とくに西欧において奴隷制は莫大な経済的利益を生み出してきた側面があります。また、社会的に弱い立場にある人が常にその犠牲になってきました。

人身売買の問題は、過去も現在も、私たちが生きる社会のありようを、鏡のように映し出しています。

人類がこれまで克服できなかった人身売買。それを克服し変えていくことはできるのか。私たちに今できることは何か。共に考えていきましょう。

原　由利子

わたしの夢

わたしはインド、カルナタカ州のある村でヒンズー教徒の父とイスラム教徒の母の間に生まれました。2つの宗教が鋭く対立するなか、国の未来の平和を象徴する子どもとして祝福されたようです。

しかし、12年前、わたしがわずか5歳のとき、実の母親にグジャラート州に売られてしまいました。母親は食べ物を買ってくると言ったまま、わたしを置き去りにしたのです。見回してもまったく知らないその町で、わたしは他人の家で家事や洗濯をするメイドにさせられました。いくらで売られたかはまったくわかりません。紅茶をいれた際、紅茶の葉っぱが入れすぎだという理由でひどく叩かれたことがいまだに記憶の片隅に刻まれています。

その後、大都市ムンバイに住むある男に売り渡されました。子どもができなかったその男の妻は離婚させられ、その代わりに10歳のわたしを後がまにしようとしたのです。わたしはそこに数日いたのですが、母親に会いたい一心でムンバイを抜け出し、1人で自分の故郷に帰りました。しかしそこでわたしが

チャイルドヘルプライン：インド中央政府によるプログラムで、働いている子ども、路上でさまよう子ども、捨てられた子どもを見つけたりしたら1098番に電話をかけてNGOか警察署に知らせる子ども110番。子どもが覚えやすいように10・9・8とあり、無料でどこからでもかけられるシステムになっている。

目にしたのは、お酒に溺れる母親と物乞いをする弟の姿でした。どうしようもない現実にいたたまれなくなって、電車に飛び乗り、南インドの大都市バンガロールへたどり着いたのです。そこでチャイルドヘルプライン*に救出され、現在、ボーンフリーアートスクールという学校でダンスと写真を学んでいます。

ダンスへの熱い情熱がわたしの精神と体に新たな息吹を送り込んでくれます。わたしのダンスの力強さ、スピードは見る人たちを釘付けにするようです。

17歳のとき、母親の体の具合が悪いと知らされ、急に不安になり、母親に一目会いたいと、7年ぶりに故郷へ帰りましたが、そこで見たのは路上で酒に溺れ、そのまま土曜日の夜に息絶えた母親の姿でした。最愛の母を失った悲しみは、わたしの心に深い傷を残し、今もわたしを情緒不安定にさせます。

しかし、ダンスと新たに興味を持ち出した写真は、わたしをこの苦痛から救いだしてくれました。わたしは新たなダンスのテーマを追い求めるため、市場で性を売って一日を生きている子どもたちの現実をカメラに収めています。

わたしは、アーティストになり、いつか、わたしのような悲しみを体験したインドの子どもたちに、希望を与えられる存在になれればと思っています。

サンジャナ

ダンスの練習をするボーンフリーアートスクールの生徒たち。©S. Iwaki

（採話・中山実生）

目次◎『世界中から人身売買がなくならないのはなぜ?』

本文DTP　中島悠子
カバーイラスト　小島倫子
装丁　守谷義明＋六月舎

この本に出てくる国々

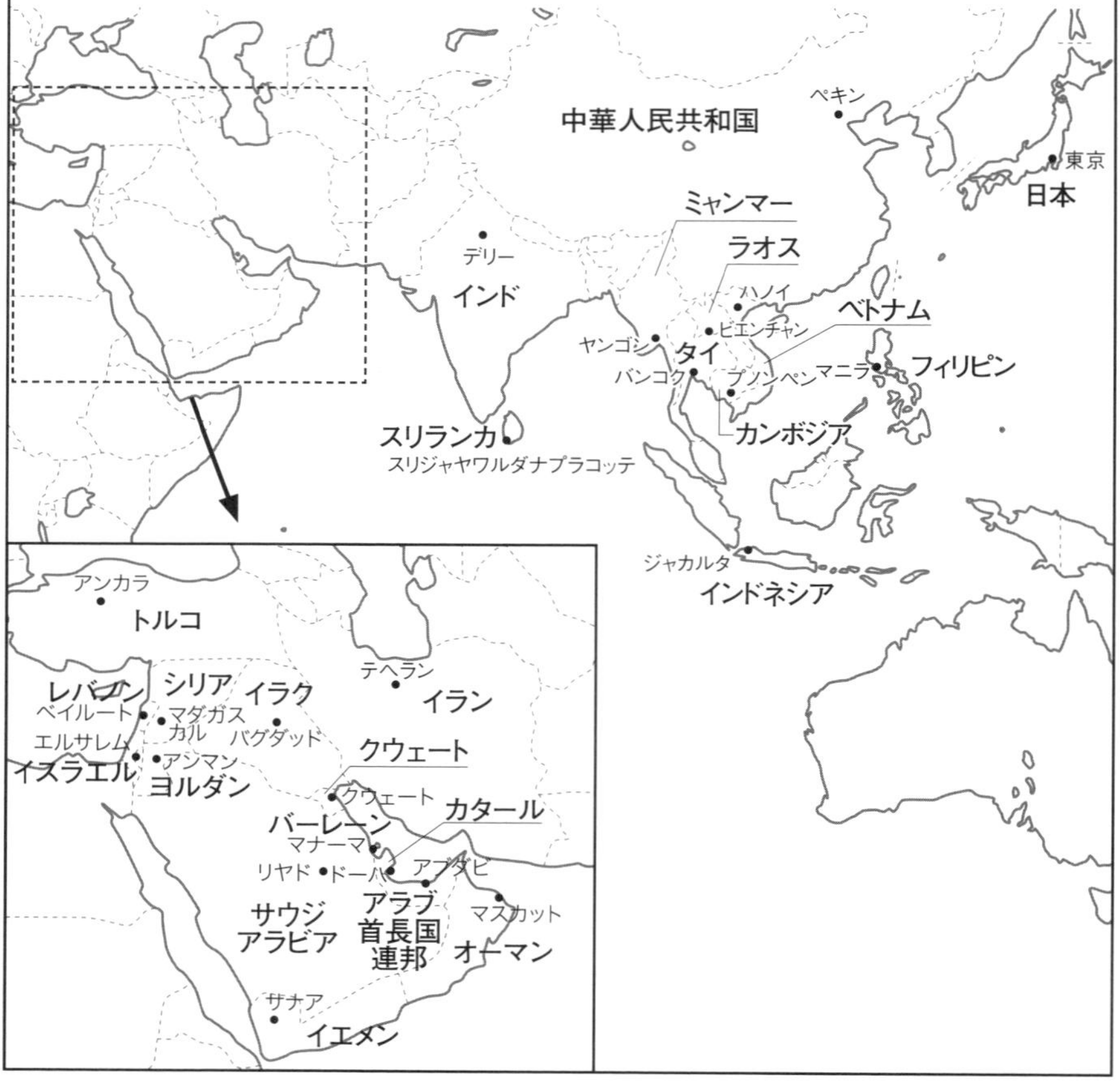
ペキン
中華人民共和国
東京
日本
ミャンマー
ラオス
デリー
インド
ハノイ
ベトナム
ヤンゴン
ビエンチャン
タイ
バンコク
プノンペン
マニラ
フィリピン
スリランカ
スリジャヤワルダナプラコッテ
カンボジア
ジャカルタ
インドネシア
アンカラ
トルコ
テヘラン
イラン
レバノン
シリア
イラク
ベイルート
マダガスカル
バグダッド
エルサレム
アンマン
イスラエル
ヨルダン
クウェート
クウェート
バーレーン
カタール
マナーマ
リヤド
ドーハ
アブダビ
マスカット
サウジアラビア
アラブ首長国連邦
オーマン
サナア
イエメン

第1章
人身売買された女性たちの声

転売され、警察につかまったメイ

中国の山岳少数民族出身のメイ（仮名・21歳）が村を出てタイに働きに行く決心をしたのは18歳のときでした。タイで家事労働者の仕事があるから行かないか、という誘いを受けたとき、彼女は人身売買の被害にあった人の話を聞いたことがあったので、あまり気が乗りませんでした。しかし、ブローカーに熱心に勧められたことと、一緒にタイに行ってほしいと友だちにせがまれて、しかたなく付き合うことにしました。

何度も車を乗り継いで、いろいろな場所で寝泊りをし、2週間ほどかけてやっとバンコクに着いたあと、メイは自分が売春宿に売られたことを店のオーナーから告げられました。

借金を返済するために、1日3、4人の客の相手をさせられた数カ月後、メイは今度は家事労働者として転売されました。

「2カ所目の仕事先は、養鶏と売春宿を経営しているオーナーのもとで、おもに洗濯や料理、掃除をしたわ。大勢の人が出入りしている場所だったから仕

中国雲南省の少数民族の村の少女たち。© Tracy SL Wong

事量が多くて大変だった」

その後、しばらくして働いていた売春宿に、突然、警察が取り締まりのためはいってきたとき、混乱にまぎれてメイは店を逃げ出すことに成功しました。

「どこにも行くあてがなかったけれども、なるたけ遠くに逃げたわ。警察にはいかなかった。タイ語もあまりできないし、それに中国に送り返されることだけは避けたかったの」

メイは生活をしていくために、逃げた先のカラオケ屋で仕事をはじめました。初めて自由の身になったのもつかの間、休みの日に市場で買い物をしているところを警察に職務質問され、逮捕されました。

7年間休みなく家事労働したサーンさん

ラオスで家の農業を手伝っていたサーンさん（仮名・22歳）は、タイで家事労働者として7年間ものあいだ人身売買された体験をもっています。よい仕事があるからとの誘いを受けて住んでいた村を後にしたのはサーンさん、15歳のときでした。

中国雲南省で子どもの世話をする女性。© Tracy SL Wong

「誘いを受けたとき、親戚とも相談したわ。危ないんじゃないかと警告する人もいたけど、子どものときからあこがれていたタイに住めるんだもの。断る理由がなかった。でも、タイに働きに行った人が身近にいたらきちんと話を聞けたのにと、今になっては思うけどね」

売られた先の家庭には、サーンさんのほかに3人の女性がいました。朝から晩まで、掃除や食事の準備、洗濯といったこまごまとした家の仕事に加えて、オーナー夫妻が商売をやっていたため、さまざまな用事を言いつけられていました。休みは一日もありませんでした。

「食事は一日1回、しかも真夜中にあたえられるだけ。おなかがすいていつもふらふらだった。食事の問題もあったけど、なにより虐待がひどかったわ。蹴られたり、たたかれたりといった暴力もあった。熱湯をかけられたこともあるわ。それに、ののしられたり、ばかにされることもしょっちゅうだった。しかも7年間一度もお給料をもらえなかったのがとてもくやしい。何度も逃げたいと思ったけれど、外出も禁止されてたからむずかしかったの」

このようなきびしい状況のなか、サーンさんは、逃げ出すことをあきらめず、ついにタイに住むおばさんと連絡をとることに成功し、おばさんの助けをかりて無事、ラオスの自分の家族のもとにもどることができました。

大学生のアリーシャの体験

ウズベキスタンは、中央アジアに位置する旧ソビエト連邦の共和国です。ウズベク人のほかにロシア人、タジク人、カザフ人、朝鮮民族とさまざまな民族が住み多くの国民がイスラム教を信仰する国です。

「タイで、性産業で働くということははじめから納得したことだったの。１９９１年のソ連崩壊にともなって独立してから、独裁政権だった私の国では、経済がひどく落ち込んで人びとの生活は激変したわ。

母は国立大学の医学部の医者として定年まで勤めたのに、今じゃ年金がほとんどゼロに等しい状態なの。生活がどんどんきびしくなったから、私もあと半年で大学卒業だったのだけど、それを断念して出稼ぎに行くことにしたの。

タイを選んだのは入国条件が比較的簡単だから。ウズベキスタン人だと２週間の観光ビザをタイの空港で取得できるので、とりあえずそれで入国して売春の仕事についたの。タイに働きに来たのは2回目だけど、状況は明らかにき

ウズベキスタンのマーケットで職をさがしている人たち。ボードを持ってるのがみえる。
© Ikumi Ishimura

びしくなったわ。

旅行費用や準備の費用などをブローカーに前借りするから、その分が借金になるの。断然その額が増えたから、その分だけブローカーに拘束される期間も長くなったわ。監視も以前よりきびしくなったから行動の自由がほとんどないし、転売されることも多くて、あまりにひどい状態に耐え切れず、逃げ出す子もいるくらい。

私は半年ぐらいでやっと借金を清算して、自由の身になった後は、しばらくフリーでお客をとっていたの。警察に捕まったのもちょうどそのころだわ」

ウズベキスタン出身のアリーシャさん（仮名・24歳）は、ブローカーに依頼して、タイに働きに来ています。ブローカーが出入国の手配をしていますが、「観光ビザ」でタイに入国しますから入国の方法は合法です。

ただし、期間が切れると非正規滞在*となります。また、観光ビザ*では働くことはできません。そのため、そのままの状態で働き続けると法をやぶったこととなり、「犯罪者」とみなされ逮捕されます。このようなばあい、通常、「入国者収容所入国管理センター（以下、入国管理センター）」に収容されますが、犯罪者とみなされるため、事実上刑務所と変わらない扱いを受けます。

バンコクの繁華街。日本人相手に商売をしているため、日本語の看板が目立つ

非正規滞在：入国する際に空港または、港で上陸許可を受け、在留資格を有していたが、定められた在留期限満了後も出国せずにとどまっている状態。また、上陸許可を受けずに在留資格もなく入国し、働いている状態も「非正規滞在」と呼ぶ。

正規労働者から人身売買へ

ダヤさん（仮名・36歳）は、施設で数ヵ月の職業訓練を受けた後、晴れて政府公認の家事労働者（ハウスメイド）の労働許可書を獲得しました。ハウスメイドの仕事は、炊事や洗濯、子守、自宅で介護が必要な病人・老人の世話など家事一般ですが、自営業を営む家庭に送り込まれたばあい、家事だけではなく、店の仕事や、従業員の食事の世話などが含まれることもあります。雇い主の都合によって、家畜やペットの世話などさまざまなことが押しつけられます。

ダヤさんがはじめて働いた国は、サウジアラビアでした。

「サウジアラビアには2年間住んだわ。クウェートに移ったのは、サウジアラビアより高い給料がもらえると聞いたから。

でも、クウェートの雇用主は最悪だった。仕事もきつかったけど、とにかく、雇い主の虐待がひどかった。たたいたり蹴ったりの暴力がひどくて、耐えられずに逃げ出したの。

スリランカ大使館に助けを求めて、２ヵ月くらいシェルターにいたんだけ

観光ビザ：観光ビザでは働くことはできず、取得している在留資格以外の活動をおこなうと違法となる。これを「資格外就労」という。ちなみに日本では現在27の在留資格がある。メディアなどでは、「不法就労」という言葉もつかわれているが、この本では「資格外就労」をつかう。

高層ビルがそびえたつドバイ。
© J.Sinjorgo

ど、そのとき、次の仕事の誘いを受けたの。違法とは知っていたけど、飛びついたわ。だって、せっかく出稼ぎにきたのに貯金もまったくなくて、どんな顔してスリランカの家族の元に帰れる？」

ダヤさんが「違法」と言ったのは、スリランカ政府公認のハウスメイドが海外で働くばあい、労働許可書は政府が許可した特定の雇用主にかぎって発行されるので、雇用主が変わるとその労働許可書は無効になるからです。

労働許可書に記載された雇用主との契約が終了したばあい、労働を中止して、すみやかに帰国することが義務づけられています。彼女はこの規定を無視して、クウェートで非正規滞在したことになります。

しかし2番目の雇用主の家族も、ダヤさんに四六時中罵声《ばせい》を浴びせ、1日19時間も働かせ、台所に寝起きさせるという虐待をくり返しました。

「結局、我慢できず2年もいないでクウェートから帰ってきたわ。今回クウェートに働きに行ったことはいろんな意味で大失敗だった。スリランカ政府の苦情相談所に行ったんだけど、なにも支援できないって言われて、とてもやるせない気分でいっぱいになったの」

ドバイ、テーマパークのような景色。
© R. Doraiswamy

人身売買に巻き込まれた少女たち

人身売買の被害にあった成人女性のケースを紹介しましたが、人身売買には子どもも巻き込まれています。タイでは、日本やタイ国内の性産業で働くために人身売買されたタイ人の少女や、タイでおもに家事労働や工場などで働くことを強いられたタイ周辺国（ラオス、カンボジア、ビルマ、ベトナム、中国雲南省）出身の少女たちがシェルターに保護されています。また、建設現場や農園などで労働を強いられた少年が保護の対象になることもあります。

しかし、人身売買の被害にあった未成年者の証言は、各個人の人権と福祉を守る規則があるため、残念ながらここでは詳しく紹介することはできません。

いろんな国出身の少女たちから話を聞いてみてわかったことは、人身売買された子どもたちの体験は、成人女性のばあいと大差ないということです。少女たちのなかには、好奇心にひかれるがまま、外国を見てみたいと、親に相談せずに友達とブローカーの誘いを受けた子もいれば、まだ子どもなのに、大人と同様、家族の期待をせおって外国に働きに行く決心をした少女たちもいます。

そして、借金を返すために、長時間労働を強いられ、彼女たちの多くが雇い主やその家族から虐待を受けています。

また、人身売買の状況から抜け出せた後、家族や大人に裏切られた気持ちをどう整理してよいのかわからず、途方にくれる子も少なくありません。一方、自分を人身売買におとしめた、ブローカーや雇い主を罰するため、裁判に証人として出廷する少女たちもいます。これは、大人でも怖気《おじけ》づく行動でかなり勇気のいることです。

人身売買された少女たちは、大人の世界のルールにとまどいながら、生き残るために早く大人になることを学ばなくてはなりません。

そして多くの少女たちが、その後の人生のなかで「失われた子ども時代」を取り戻す機会にめぐまれないまま、新たな試練に直面します。

被害者と犯罪者に二分される女性たち

「あきらかに人身売買された女性たちが、シェルターではなく、非正規滞在や資格外就労などの法を犯した者として、入国管理センターに収容されるケースが多い」

タイの女性人権団体によれば、タイでは、日によっては何百人という外国人労働者が一斉捜査によって検挙されることがあり、そのようなばあい、警察は短時間で個々の事情を調べ、「犯罪者として刑務所に収容するべき」か、「人身売買の被害者としてシェルターに送る」かのいずれかの判断を下します。タイでは18歳未満の未成年はいかなる理由であれ、まずシェルターでの保護が義務づけられ、女性や子どもは簡単な取り調べを受けたうえで、人身売買されたと判断されるとシェルターに送られることになっていますが、実際には、留置所や入国管理センターに収容されるケースもあるといわれています。

入国管理センターに収容されている女性たちのなかには「人身売買」されたと思っていても、あえてそのことを話さず、自ら望んで入国管理センターに収容されることを選ぶ女性が少なくないという事実に驚きました。

「人身売買されたということになるとシェルターに入れられるでしょう。そうしたら長い間出られなくなるって聞いたの。早くここから出て帰国したいの。それが最優先よ」

「人身売買されたことが知れたら、裁判ざたになったりするじゃない。そし

家事労働の仕事につく少女は途上国ではめずらしくない。たとえばこの少女は10歳で、立派な子守の仕事をこなす。外国に働きに行く少女も多い。パラグアイ共和国。©Y. Yokoyama

たらテレビに映ったり、新聞にも顔が出たりするでしょ。そうなったらもう最後。みんなに興味津々《きょうみしんしん》な目で見られて、家族にも私が何をやってたか知られてしまう……」

政府やNGOが運営するシェルター施設では、人身売買の被害者に必要なさまざまな支援が受けられます。基本的な衣食住が与えられ、医療や、カンセリングなども受けられ、また、裁判を起こすために必要な援助や職業訓練を提供しているところもあります。

しかし、予算不足でスタッフが足りないためサービスが遅れたり、諸々の手続きに時間がかかるという問題点もあります。たとえば、被害を訴えても判断までに数カ月以上もかかることがあったり、政府からなんらかの判断が下されてもすぐには帰国できません。これは規則で家族の元に戻っても、再び人身売買されないと「確認」したうえでないと、出国の手続きができないからです。そのため、シェルターでの滞在は長期間になりがちです。

一方、入国管理センターに収容されることを選んだ女性の現実は過酷です。

本来、人身売買の被害にあった人はカウンセリングやグループセラピーなどを通して、心身ともに健康な状態を取り戻す必要がありますが、「犯罪者」と

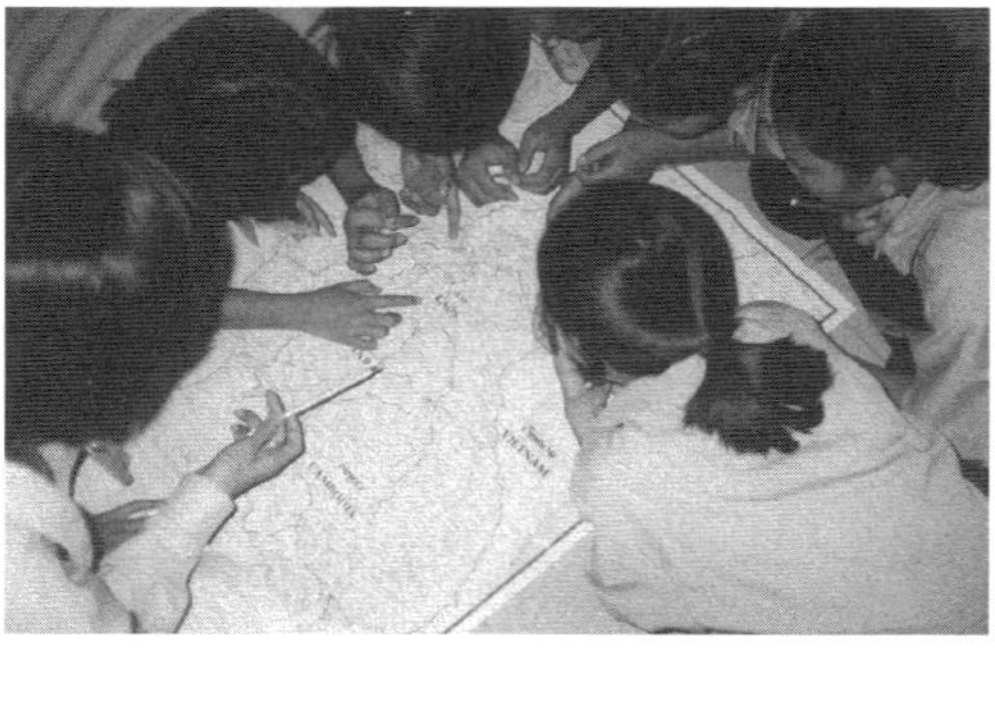

シェルターで活動するNGO。ラオスから来た少女たちがタイまでどのように旅をしたかを地図でしめしている。提供：Foundation for Women

バンコクの繁華街で物乞い
をする外国人少女。

して収容される入国管理センターではそのような対応は望めません。

収容される場所には鉄格子があり、まるで牢獄のようです。収容者は慢性的に定員オーバーで、狭い空間は、熱気で蒸せかえり、開け放った窓からもほとんど風が入ってきません。訪問に来てくれる人たちもほとんどなく、一週間に一度、センター内の中庭で軽い運動をすることが許されるぐらいです。こんな環境*のなかで多くの女性たちが刑期を終えるまで収容されます。

このようなきびしい現実がまちかまえているにもかかわらず、タイに働きに出る人びとの流れは現在でもおとろえません。なぜ、人びとはそこまでして働きにくるのでしょうか？

こんな環境：その一方、問題が深刻化するなか、人身売買問題に対して積極的に取り組んでいるタイ政府は、いろいろな対策も実施している。たとえば、人身売買の被害にあった人をより正確に割り出し、適切に対処するために入管職員や警察に対して人権トレーニングの実施や、入管センターでの事情調査を地元の女性人権団体と協力しておこなっている。また、入管センターやシェルターのサービスを改善するために、国際機関や国際ＮＧＯと協力してさまざまな支援活動を実施している。

第2章
人身売買のしくみ

人身売買とは

人身売買は、人身取引、トラフィッキングとも呼ばれています。紀元前から世界中でおこなわれていますが、国際的に共通の理解をするために、国際条約できちんと定義されたのは最近のことです。２０００年に「国際的な組織犯罪の防止に関する国際連合条約を補足する人身売買（とくに女性と子ども）を防止し抑制し処罰するための議定書」が採択され、第3条で人身売買の「目的、手段、行為」の３つの要素がはじめて明らかに示されました。

まず人身売買の「目的」は搾取《さくしゅ》であることです。つまり、他人からさまざまなものをしぼりとって自分のものにすることです。「搾取には、最低限、他人の売買からの搾取、そのほかの形態の性的搾取、強制労働や強制奉仕、奴隷状態あるいは奴隷類似状態、苦役、臓

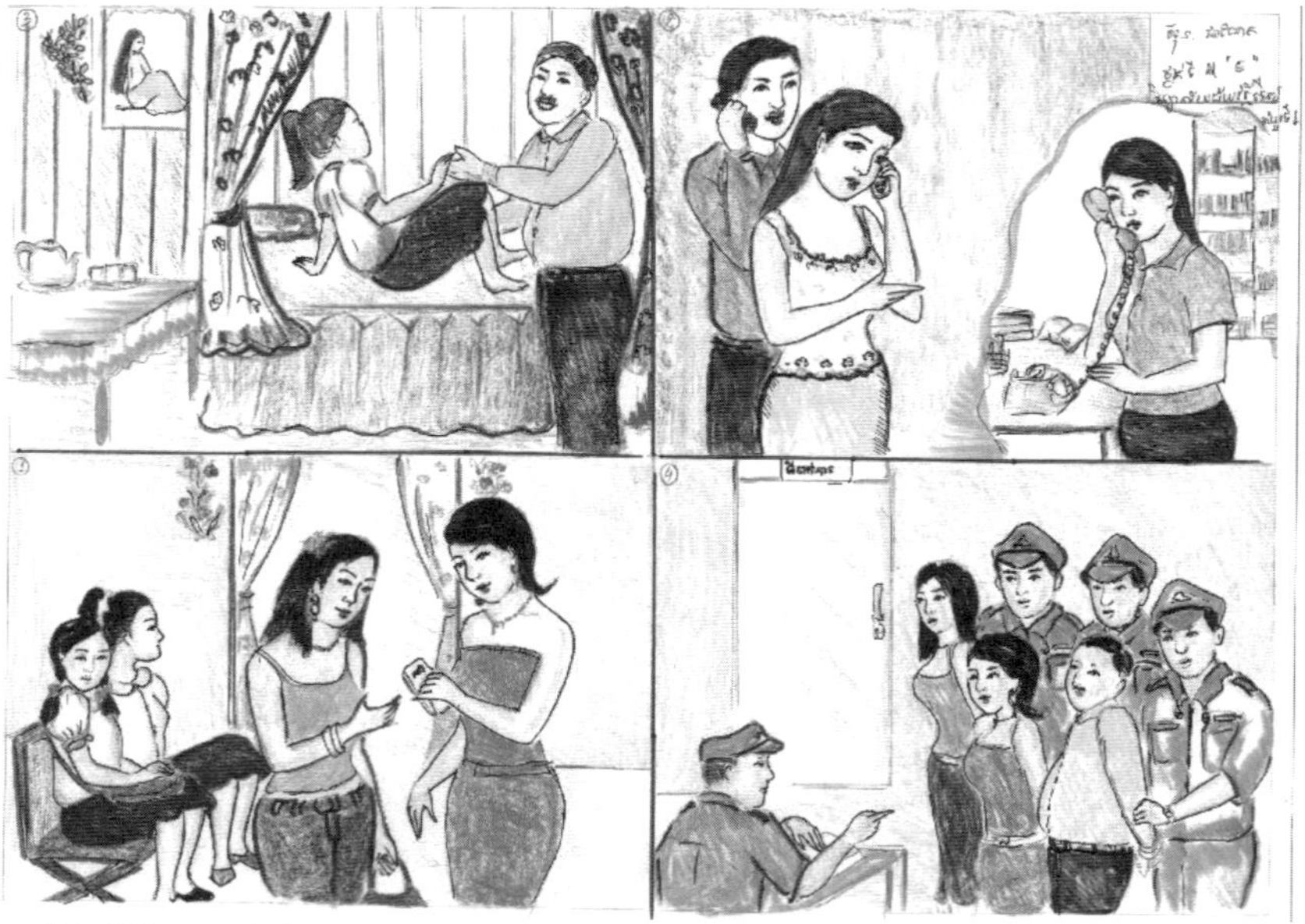

子どもが描いた人身売買の流れ　　提供：国際子ども権利センター

器摘出が含まれる」とされました。そして他人を搾取する際に使われる「手段」としては力を使うことや威嚇《いかく》や何らかの強制、詐欺、誘拐などのほか、弱みにつけこんだり、親などの同意を得るためにお金などを渡すことがあげられます。そしてこのような目的と手段をもちいて人を募集し、運搬し、移送し、売り買いする「行為」をさして、人身売買というのです。

人身売買された人に対して、よく「人身売買されることに同意していたのでは」と疑問が投げかけられることがありますが、これらの手段が使われているかぎり、同意したかどうかは問われないことがこの条約に示されています。また18歳未満の子どもであれば搾取の事実さえ認められれば、強制的な手段がつかわれていなくても人身売買となることがこの条約に明示されました。

人身売買には、身体的な拘束あるいは精神的な支配*といった手段が用いられますが、西アフリカの例では、「命令に従わなければ××神の呪いが家族全員に及ぶぞ」という土着信仰を悪用した脅しで、人身売買された人たちを恐怖におとしいれ、コントロールする手口が報告されています。

そのほかにも伝統的な家族関係や価値観を維持していくためには、人身売買もしかたがないという雰囲気がその社会にあると、それを斡旋《あっせん》者がたくみ

精神的な支配：定期的に暴行を与えたり、見せたりすることによって恐怖心を植え付け、雇用主を絶対的な存在として受け入れさせる方法がタイやマレーシアの性産業で頻繁に実施されている（フィールドの聞き取り調査2003～2004年）。

に利用して人身売買が広まっていきます。

たとえば、子どもが働くことがあたりまえになっているインドやアフリカ諸国では、親が子どもを雇用主に売り渡し、借金のかたに奴隷同然の条件で強制労働させることがよくない行為とわかっていても、生活を支えるためにはしかたがない、さらには、子どもの自立を助けるためにもなるというような言い訳が説得力を持っています。

このように人身売買が「近代的な法律では禁止されている」ことを認めたうえでも、「私たちの社会では重要な慣習として役割を果たしている」という「社会的な慣習」を盾に容認されたり、家族や社会のなかに根強く残る男女差別*が関係しているばあいもあります。

さまざまな形態の人身売買

この本ではおもに性産業とお手伝いなどの家事労働をとりあげていますが、ほかにも物乞い、農園や漁業、鉱山での労働、衣服・文房具・紙コップなどの製造業、さらに子ども兵士や、養子という形で子どもが人身売買されるケース

男女差別：たとえば、タイの家族のなかには、仏教的価値観に裏づけされた義務感がある。男の子には出家という手段があるが、女の子は親により良い生活をあたえることで恩返しをするという風潮がある。また、女の子は男の子より地位が低く、家族のために犠牲になってもしかたがないといった家族観が関係しているとの指摘もある。出典：『マッサージ・ガール——タイの経済開発と社会変化』（パスク・ポンパイチット、田中紀子訳、同文館出版、1990年）

ごみ捨て場で働くインドの子どもたち。

も報告されています。また、肝臓や角膜といった体の一部を取り出すために赤ちゃんや子どもが人身売買されているケースもあります。

また、債務労働といって、借金を返済する手段として労働を提供する形もあります。このばあい、通常、無償もしくは小額の賃金の条件で働かされるため、最終的には借りた金額よりも多くの労働を提供することになるのです。

このように、人身売買の形態が多様化するにつれて、女性や少女にかぎらず、重労働、単純労働を必要とする分野で成人男性や少年も対象になっています。

また、人身売買の形態は多様化していますが、女性や少女を売春目的のため人身売買する問題に人びとの目が集まり、それ以外のほかの形態の人身売買は見過ごされやすいという傾向があります。それは、警察や入国管理局職員のほか、裁判官など法の執行にあたる人びとにおいても同様で、そのため、製造業などの工場で働くことを強いられた人びとが人身売買のケースとして認められない傾向があるという問題がおこっています。

国内での人身売買、とくに働く場が少ない農村から都市への人身売買が起きる一方、経済的に貧しい国から豊かな国への人身売買の流れも途絶えること

ヘルメットや手袋をつけずに建設現場で働く女性たち。ネパール。© Jyotsna Malla

はありません。国際的には国境を越える人身売買は注目されますが、国内での人身売買に対しては、各国とも対応がおくれています。

人身売買のしくみ

人身売買のしくみはさまざまで、時代とともに変わっています。警察や入国管理の取り締まりが厳しくなるにつれて、人身売買の入国経路を複雑にしたり、新手の方法をあみ出すからです。

また、人身売買の被害も誘拐などの手段で身柄を拘束されたのち売買され、無理やり働かされるというハードな（わかりやすい）パターンから、本人が希望して働きに出た後、人身売買の被害を受けるというソフトなパターンが多くなっています。

人身売買の業者・ブローカー

ブローカーとは、英語で仲介業者（人）や斡旋業者を意味しますが、人身

パン工場で働く外国人男性労働者たち。蒸し暑い中での作業は大変。
©M.Promyarat

売買をおこなう業者という意味でもつかわれています。このブローカーは人身売買される人びとの親戚や知人であるケースも国際機関などの報告書からもわかっています。

最初に接触してくるブローカーの手引きによって故郷の町から大きな都市に連れ出されます。両親や家族から売られたばあいには、ブローカーから売った人にわずかな金が払われたり、すでにあった借金が棒引きされます。

自らが外国で働く目的でブローカーに渡航を依頼したばあいは、ブローカーが渡航手続きをおこない、渡航費用も支払います。受け入れ国（または店）に着いた段階で膨大な借金があることを告げられ、だまされたことに気がつきます。架空の借金を背負わされ、それを返済するため、まったく違う仕事や約束とは違う条件で働くことを強要されます。

人身売買のネットワーク

人身売買の手口はさまざまです。ブローカーが1人で、あるいは、少人数のグループでおこなっているばあいがある一方、暴力団などの組織犯罪が絡んでいるばあいもあります。

人が売り買いされる過程をたどっていくと、３つのネットワークがあることがわかります。

①募集のネットワーク（送り出し国）

②輸送のネットワーク（中継国）

③仕事の斡旋のネットワーク（受け入れ国）

これらのネットワークもまた、規模や管理のかたちはさまざまです。たとえば、大規模なネットワークをもつグループもいれば、限られたメンバーと活動範囲内でひそかに行動している個人やグループもいます。１つの組織が①から③までのネットワークを管理しているばあいもあれば、送り出し国、中継国、受け入れ国で存在していて、人身売買にたずさわるさまざまな立場の人たちが、そのつど、ネットワークにアクセスするというばあいもあります。

①募集のネットワーク（送り出し国）

国によってさまざまな特徴がありますが、地元の犯罪組織、その影響下にある旅行代理店、職業斡旋業者、不法行為に手を染めている軍関係者、警察、

地方から労働者があつまるネパールの首都カトマンズにあるオールドマーケット。小さな店が立ち並び、いつも人で大にぎわい。このカトマンズからインドに働きに行く人が絶えない。
© Bijaya Singh

各級の役人や政治家、売春業者などによって募集のネットワークがつくられています。また、国際機関の調査では、東欧の国などで、人身売買された者が別の少女を新たに勧誘し、被害者がこんどはブローカーになっていくというケースが起きていることがあきらかになっています。

人身売買の対象を探すためにニセの仕事情報や養子情報を新聞やインターネット、チラシ、口コミで流します。また、海外で稼いだ経験のある女性が出身の地域に出向き、直接、若い女性や子どものいる家々をまわり、勧誘するばあいもあります。たとえば、人身売買があとをたたないインドネシアのある地域でおこなわれた国際人権団体の調査によれば、村長の主導のもとで、定期的にそのような勧誘活動をおこなっていることが報告されています。

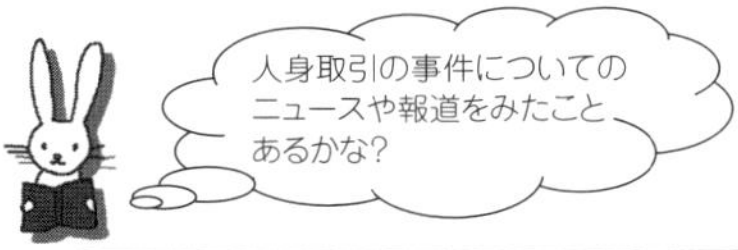
人身取引の事件についてのニュースや報道をみたことあるかな?

図　人身取引《トラフィッキング》の構図

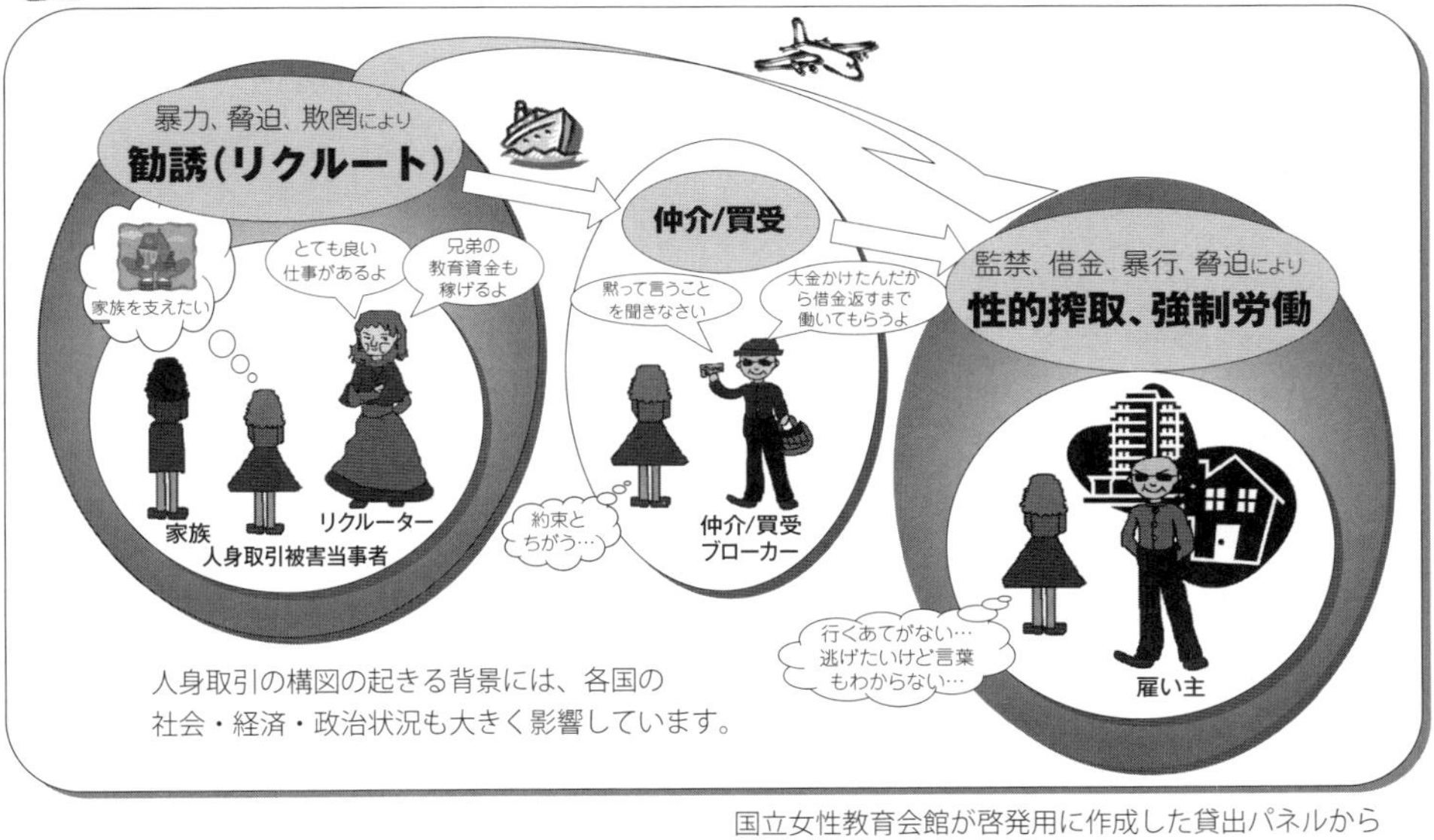
暴力、脅迫、欺罔により
勧誘(リクルート)
家族を支えたい
とても良い仕事があるよ
兄弟の教育資金も稼げるよ
家族
人身取引被害当事者
リクルーター
仲介/買受
黙って言うことを聞きなさい
大金かけたんだから借金返すまで働いてもらうよ
約束とちがう…
仲介/買受
ブローカー
監禁、借金、暴行、脅迫により
性的搾取、強制労働
行くあてがない…
逃げたいけど言葉もわからない…
雇い主
人身取引の構図の起きる背景には、各国の社会・経済・政治状況も大きく影響しています。

国立女性教育会館が啓発用に作成した貸出パネルから

このような勧誘に対し、子どもを売りたい、海外で働きたいと希望する人がでてくれば、その買い取り金額や条件、仕事の内容や費用の説明をして、ばあいによっては、旅券やビザの手配といった移動に必要な手引きをします。

インドのマッチ工場で働く少女。© ボーンフリーアートスクール

②輸送のネットワーク（中継国）

送り出し国と受け入れ国を取り巻く地理的条件によって移動の方法は異なりますが、ときにはいくつもの「中継国」を通ります。そのつど偽造パスポートを使用したり、ワイロを払ったりもします。家族や夫婦になりすまして入国管理検査をすりぬける手口も使われます。比較的簡単に入手できる観光ビザを利用して、合法的に入国するという方法もよくつかわれます。

③仕事斡旋のネットワーク（受け入れ国）

受け入れ国では、本人の年齢、国籍、容姿などを基準に「商品価値」が決められます。ブローカーは、買い主になりそうな売春業者や農園や漁業・製造業・小売業ビジネスの経営者にその情報を流し、売買の交渉、成立をはかります。現地の聞き取り調査によると、この作業は、売り手と買い手の間で個別におこなわれることもあれば、まるで魚市場のセリのように多くの買い手を相手に、競争で値段を決めるようなばあいもあったりとさまざまです。

そして、人身売買の対象になった本人にとっては、買い上げられた金額がそのまま本人の借金になり、その架空の借金を返済するまでただ働きを強いられ、自由を失うことになります。

実態数がつかみにくい人身売買

人身売買の問題が国際的に深刻な課題として取り組まれるようになったのは90年代になってからですが、各国政府や国際機関、民間人権団体が対応するうえで大きな難問は、人身売買に関する正確な情報、とくに人身売買された人数のデータがないという点でした。

人身売買の被害を受けた人の数の目安として、国連薬物犯罪事務所*（UNODC）のデータが目安にはなりますが、さまざまな理由で公表されないケースが大半のため、氷山の一角だと考えられます。

現在では調査方法の見直しやデータバンクの作成*などが政府や国際機関などによって取り組まれています。

国連薬物犯罪事務所（UNODC）：1997年に、2つの関連プロジェクトと団体が併合してできた薬物問題、国際犯罪に対応するための国連専門機関。麻薬、犯罪、テロ問題といった3つのテーマにそって、国際犯罪を取り締まることを目的としている。とくに近年、警察の人材強化などのトレーニングや、さまざまな調査プロジェクトにより人身売買問題に熱心に取り組んでいる。

データバンクの作成：たとえば、ユネスコ東南アジア地域事務所では、世界で引用されるデータとその情報源をたどる目的のプロジェクトが実施され、人身売買に関する刊行物の発行など、正確な情報バンクをつくることを目的としている。

第3章
なぜ外国に働きに行くのか？

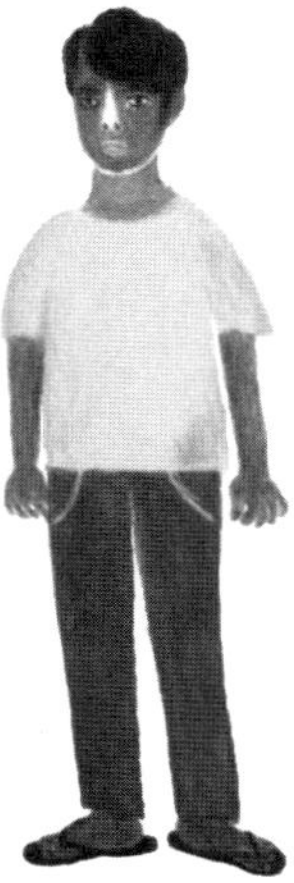

海外に働きに行く背景

たくさんの女性たちの体験を直接、聞き取るうちに、なぜ、大勢の女性たちが合法・非合法を問わず、海外に仕事を求めて出ていくのか、ほんとうに「経済的貧しさ」だけで彼女たちは外国に働きに行くことを決心したのか、もっとその実態を知らないといけないと思いました。

「外国で家事労働や性産業で働く」女性や少女が増えているという背景には、それらの少女・女性たちの出身国の経済的状況がまず想像できます。移住労働者を送り出している多くの国が内戦や紛争、独裁政権下にあって国内政治が不安定な状態におちいり、何十年にもわたり高い失業率に苦しんでいます。いっこうに回復するきざしをみせない国内の状況に見切りをつけて「外国へ」という選択は、まったく理解できないものではありません。

しかし「貧しい」という感覚はとても多様で、生まれ育ったそれぞれの社会環境によって大きく左右され、外国に行って働くという選択もさまざまな動機があり、一様ではありません。

国際労働機関（ＩＬＯ）：１９１９年に設立された国連機関。おもに世界の労働者の権利を守るため、国際労働基準などを制定する。児童労働や男女雇用均等の問題にも取り組んでいる。本部はジュネーブ。

たとえば、国際労働機関*（ＩＬＯ）の調査によると、ラオスからタイに働きに行く人のなかで、14歳から24歳の女性が大きな割合を占めることがわかっていますが、その多くが両親の反対を押し切って、タイに密入国しています。それはラオスの農村で生活をする少女が、テレビで映し出されるバンコクの現代的で豊かな都会生活にあこがれるという動機が指摘されています。その背景には、社会主義政策下のラオスの伝統的な農業中心の生活は刺激が少なく、とくに若い女性たちにとって束縛が多く、あまり魅力的でないことがあげられます。

また、ビルマ（ミャンマー）からバンコクに働きに行く女性や少女の多くが、家庭内暴力や、少数民族に対する政府の迫害*などから国外に逃げ出すという理由も少なくありません。

外国で家事労働者として働く女性のなかには高学歴の人たちもいます。香港で働くフィリピン人の家事労働者は、比較的高学歴者が多く、フィリピンでも人並み以上の生活が保障されますが、「先進国で暮らしたい」という夢をかなえるために、あえて海外に出てハウスメイドの仕事につく女性が少なくありません。

ラオスの村にて。食事の支度をするために鶏をしめている。

政府の迫害：軍政府は独立を希望するシャン州に軍隊を送り込み、反政府運動を制圧するための手段として、少数民族の女性を対象に組織的なレイプ活動をおこなっていることが、ビルマの女性人権団体（ＳＷＡＮ）の報告で明らかとなった。

ここで重要なのは、多くの少女や女性たちが、たとえ危険がともなっても、外国に出ていかざるをえない状況にあるということです。外国に働きに行くという行為は、男性にくらべて社会的機会が制限されている多くの途上国の女性たちにとって、自分と家族の人生を一変させる賭《か》けのようなものといえるかもしれません。外国に働きに出て、運良く送金をすることができれば、家族の経済状況を改善することができます。そして家族を養っているという事実は、本人に自信を与えるだけではなく、周りの人たちからの尊敬と、それにともなってある程度の自由を手に入れることができます。

また、女性が結婚するまでは家族の庇護の下で暮らし、結婚後は相手の家族とともに暮らすことが一般的とされている社会では、女性が未婚にしろ結婚しているにしろ、単身外国に働きに行くということは、とても冒険的なことなのです。だからこそ、親や親戚のきびしい監視から逃れて自由を約束される魅力に富んだ選択肢でもあるのです。

このように途上国の女性たちにとって、外国に働きに行くことは、たとえだまされたり、自分の意と反する行為を強いられるような状況がともなっていたとしても、「女性は早く結婚して子どもを生んで家庭を支えるべきだ」という

東北インドの野外で洗濯をする女性。

伝統的な社会の中で、決まりきった生き方からのがれられる、数少ない手段として確実に定着しつつあります。

外国に働きに行くネパールの少女

ネパールの農村地方では、教育レベルがあまり高くない少女たちが職につける機会はかぎられています。首都カトマンズのような大都会や外国で高収入を得るとなると、その仕事は性産業関係であることは常識になっています。家族も近所の人たちもわかっていますが、みんながその事実に「気づかないフリ」をして、少女たちが家計を助けるために外国に働きに行くことが好ましいというような雰囲気があり、そうした周囲の反応が、人身売買のブローカーの活動を黙認しています。

女性の移住労働者を大勢出してきたタイやネパール、フィリピン、インドネシアの都市部では、外国からの送金で家計がうるおい、生活が向上するにつれて、結婚や女性の地位に対する伝統的な価値観が急速に変化しつつあります。現地で活動する女性人権団体の話によれば、村に帰った女性が結婚相手

北インドの村での話し合いの場面。この地域では、女性がこのような会合に参加することはいまだまれなこと。

として、もてはやされる現象もでてきました。従来は、男性の家族が結婚の主導権を握っていましたが、女性自身やその家族の権限が増し、望まない結婚を拒否する風潮もでてきました。また海外で働くことで稼いだお金で家族・親戚が裕福になり、地元のお寺や学校に多額の寄付をすることで、成功者として人びとの尊敬を得ることにもなります。

その一方で、多額のお金が貧しい村に入ってくると、伝統的な家族観や人生観、宗教観と物質中心的な考え方が混ざり合って、村のなかに新たな人間関係が形づくられていきます。たとえば、タイの社会では男尊女卑の価値感がまだ色濃く残っていて、男子の誕生が女子よりも好まれる慣習があります。しかし、女性の移住労働者を多く出すことで有名なあるタイの地方都市では、女性が海外に働きに行くことで、男の子よりも歓迎されるという傾向が起きてきました。

このように女性たちが新たな稼ぎ手として認められてくると、親族の生活向上のためには、自分を犠牲にしてでもその期待に応えて海外に働きに出るというプレッシャーがかかります。海外で働くことに成功した女性に対して、当人の体験をくわしく知りえない家族は、往々にして彼女たちの送金を無駄遣い

南インドの寺院でお参りする家族。大切な行事や宗教カレンダーの節目に寺院をおとずれ、祭祀の祝福を受けることは重要な意味をもつ。© S.Iwaki

し、蓄えが尽きると再び外国に働きに行くようにうながします。

反対に海外に働きに行っても経済的に豊かになることができなかった女性たちには、以前にもましてきびしい現実が待っています。失望した家族や親戚の態度が冷たく、女性たちは家族のなかで疎外感に苦しむというケースもあることが聞き取り調査でも明らかになりました。

自由がない生活

外国に働きに行く女性たちの多くが、1年あるいはそれ以上の長い期間、家族の元を離れます。正規の移住労働者でも、家族に会うために一時帰国をする権利が契約で保証されているようなケースはまれです。もし、そんな契約があったとしても、お金を貯めたい一心で、そのような権利を放棄する人たちも少なくありません。

家族との唯一の連絡手段である電話や手紙も自由にできるとはかぎりません。人身売買されたばあいはもちろんのこと、正規の移住労働者でも、自由に外出ができなかったり、友達に会うことも制限され、電話や手紙が検閲され、

タイの結婚式の風景。9人のお坊さんから祝福を受けているシーン。
© A. S. Holt

自分の様子を家族に伝えることができないことがよくあります。

　このような状況では女性たちが雇用主に虐待されていたとしても、なかなか外の人たちにはわかりません。雇用主が絶対的な力をみせつけるために、さまざまなルールを押し付け、その規則に反すると家族やほかの従業員の前で、見せしめにひどい体罰をおこなっていることをたびたび耳にします。

　売春に従事する女性たちには、一日に相手しなければならない客の数が決まっていますし、ハウスメイドは夜明けから深夜まで、雇用主と家族の命令に常に迅速《じんそく》に対応できる状態でいなければなりません。心身ともに追い込まれた状態で頼る知人もなく、働き続ける女性たちを襲う孤独感がどんなに深いものか想像にあまりあります。

差別される家事労働者

　家事労働者（ハウスメイド）として働く女性の多くが差別を受けています。雇い主とその家族のなかに、家事労働者に対して「自分たちとは異なる、経済的にみても人種的にみても自分たちとは同等ではない、取るに足らない存在」

という思いがあり、「〇〇人はのろまだからダメだ」「〇〇人はみんなうそつき」といった根拠のない決め付けが、あたかも事実のように人びとのあいだに広がっていきます。外国人労働者を同じ人間としてみなさない社会では、「雇う側・雇われる側」という関係も、とてもゆがんだ不平等な力関係になっていきます。

家事労働者を長い間受け入れてきた香港で、家事労働者におこなったある人権団体の調査によると、公共の場や受け入れ先の家庭で差別を受けたことがあると答えた外国人女性家事労働者の60％が、その理由を「自分がメイドだから」*と答えています。

移住労働者は、人種差別を受けたうえに、その職種の大半がいわゆる３Ｋ（汚い、きつい、危険）労働であることを理由に職業差別を受けますが、さらに女性労働者のばあいは、女性差別が重なってよりきびしい環境におかれています。

こういった女性の移住労働者に対する差別は世界中で深刻化しています。たとえば、家事労働と性産業の両方の分野で外国人女性を受け入れてきた台湾では、移住労働者の仕事に対する考え方や態度によって、職場での規律が守ら

出典：Asian Migration Centre 2001. "Baseline Research on Racial and Gender Discrimination towards Filipino, Indonesian and Thai Domestic Helpers in Hong Kong".

れない、能率が思うようにあがらないなどのトラブルがおきると、台湾政府はそれぞれの国籍にあわせて、給料や休みなどの労働条件を細かく変えるといった対応をすることが必要という考えをうちだしました*。

移住労働者に対して台湾と同じような対策をしているシンガポールでは、同じメイドの仕事をしても国籍によって給料や休みの回数がちがう、といった差別的な待遇があたりまえにおこなわれています。シンガポールの学者の調査*によれば、フィリピン人は給料３００〜３５０ドルで月2日休み、インドネシア人は２２０〜２５０ドルで休みなし、スリランカ人は１８０〜２４０ドルで月1回もしくは休みなし、というふうになっています。

この出身国による差別待遇は、ハウスメイドの労働者としての言葉の能力や経験によっても一部決まりますが、ハウスメイドの国籍とその国のイメージも大きく影響するといわれています。また、シンガポールでフィリピン人が一番良い条件で働けるのは、フィリピンがシンガポールと二国間協定*を結んでいるためです。

出典：Cheng, S.A. 2003. Rethinking the Globalization of Domestic Service: Foreign Domestics, Sate Control, and the Politics of Identity in Taiwan, Gender and Society 17(2):1660186.

出典：Yeoh, B.S.A. and Huang, S. 1998. "Negotiating Public Spaces: Strategies and Styles of Migrant Domestic Workers in Singapore", Urban Studies, 35(3)/ 583-602.

フィリピン・シンガポールの二国間協定：相次ぐフィリピン人家事労働者の労働搾取等の問題が発生したため、二国間の合意のもと、細かい労働条件を定めることとなった。

お母さんたちが消えたスリランカの村

海外で働く多くの女性たちには家族がいます。１９９７年、移住労働者を大量に送り出しているスリランカの南部沿岸沿いにあるナエアエガマ村を対象にＭ・ガンバードという学者がおこなった調査によると、移住労働者の90％が女性で、そのうち70％が既婚者で子どもがいました。

では、女性たちが家庭からいなくなった後、誰が子どもたちの世話をしているのでしょうか。この地域では残された父親の半分が定職につき、あとの半分は無職ですから妻が外国で働いている間、子どもを保育する時間的余裕を持つ父親たちは少なくありません。しかし、調査対象の90世帯のうち、４、５世帯のみが、不在の妻の代わりに子どもの世話を含め、家事全般をおこなっていると答えました。それで、海外に働き出ている女性たちに確認したところ、母親や姉妹、夫の母親といった女性の親戚に残された子どもの世話を依頼してきたと回答しました。

しかし、実際には多くの男性が子どもの世話や家事をおこなっており、その

スリランカの男性家事労働者。南アジアをはじめとして、地域によって男性が家事労働の仕事につくことはめずらしくない。© H.Nicholas

点を指摘された男性たちは、「妻がいないからしようがないだろう！　でも好きでやっているのではないさ」とばつが悪そうに答えたといいます。

スリランカの社会では伝統的に「男性が外に働きに出て女性は家を守る」という価値観があり、その考え方はいまも根強くあります。男性が家事をするという行為は恥ずべきことで、伝統的な生活様式が続く村では、男性は笑い者になるのです。

また、妻が外国に働きに行っている男性は経済力がないか、働くのが嫌で奥さんの送金に依存している力のない男性と一般的に見なされがちです。テレビや新聞などでは、お酒におぼれ、浮気をして送金を無駄遣いする、ろくでなしというイメージが定着しています。

もちろん、すべての男性が酒に逃げたり、隠れて家事をするわけでもありません。妻の不在中、家事をこなして家族の健康を守ることを誇りに思う男性も少なからずいます。また、妻の収入に頼りきりにならず自分も職に就き、妻の留守中、家族を守ることこそが男らしい行為だと考える人もいます。

個人的な対応はともかく、問題なのは大勢の女性たちが外国に働きに行くことによって、家族における伝統的な男女の役割や価値観が変わらざるをえ

海外から戻ってきたスリランカ家事労働者たち。提供：Women and Media Collective

左、茶摘みをする女性労働者たち。スリランカは世界有数のお茶どころで、お茶は重要な輸出産業。労働者たちにとって、お茶プランテーションでの仕事はきつく、きびしい。©H. Nicholas

なくなっているのに、新しい家族の形を支える社会制度が整備されていないため、さまざまなあつれきが生まれていることなのです。

家族の崩壊

家族を残して、海外で働く女性たちの一番の心の支えは「家族に送金して生活を豊かにしている」というプライドです。

しかし、海外からの送金によって家族が新しい電化製品を手にしたり、子どもが学校に進学できたりして生活はよくなりますが、その一方で、長い母親の不在によって起きる家族関係の崩壊は深刻な問題になっています。

「娘に会えること、それが一番楽しみだったのよ。でも空港に迎えに来た子どもはまるで他人のおばさんを見るような目つきで、最初はわたしに寄りつきもしなかった。とてもショックだったわ」

3、4年ぶりに帰国したフィリピンの女性は、自分の子どもの成長を見逃したことや自分が不在の間に家族に起きたさまざまな出来事を一緒

海外にお母さんが出稼ぎに行ってる子どもたちが描いた絵。バックをもって飛行機にのりこんでいる様子が印象的。
提供：Women and Media Collective

に体験できたなかったことを、とても悔やんでいると話してくれました。

家族のためだからとはいえ、自分の子どもをほったらかしにしている自分の行為を責める発言もよく耳にします。また家事労働者として働く女性のなかには、雇用主の子どもに全身全霊の愛情を注ぐことで、自分の子どもにさびしい思いをさせているという罪の意識を償おうとしている人もいます。

サウジアラビアで10年間、家事労働者として働いた経験を持つスリランカ人の女性は、「確かにお金の面では良いけれども、私の経験からして外国へ働きに行くことはすすめないわ。家族と離ればなれの時間があまりにも長すぎて、どんなに努力しても家族との溝は埋められないの。それに友達をつくりたくても仕事が忙しすぎて時間的にも余裕がない。ハウスメイドをしている友達をみてて正直こわくなったの。彼女たちは17～18年も家族と離ればなれで働いていて、ほんとうにさびしいさびしいっていつも嘆いてた。私はあんなふうになりたくない」と語ってくれました。彼女は帰国後、離婚して、いまは19歳の子どもと暮らしています。

被害者に対する根強い差別意識

人身売買の被害者に対する差別意識は、警察や司法関係者など本来、被害者を保護する公的立場にある人びとにも根強くあります。第2章でもふれた通り、人身売買の目的は売春だけではありませんが、女性の人身売買の被害者＝売春に従事した「堕落した女」という短絡的な理解からくる偏見のため、救済を求めても警察官に無視されたり、セクハラ行為を受けたり、裁判で証言しても発言が本当かどうか疑われたりすることがあると、ベルギー、イタリア、オランダ、ポーランド、ウクライナ、イギリス、コロンビア、ナイジェリア、タイ、アメリカの現状を記録している「国際反奴隷制度協会」の調査で報告されています。

人身売買の被害にあった女性に対するこのような反応は、世界中で共通しています。この背景には、道徳上、多くの国で売春が禁止されており、売春をする女性は、その背後にどのような事情があるにしろ、法を犯した者として社会的制裁を受けるべきだという考えが広く受け入れられているためと考えられています。

この社会的制裁は当人だけでなく、時として家族にもおよびます。「売春婦」の烙印《らくいん》を押されることを避けるために、多くの女性たちは「沈黙」します。そこには娘や妻が人身売買されたという事実が公になることによって、家の名誉が傷つくのを極力避けようとする家族からのプレッシャーもあります。

人身売買の被害者ではなく、ただの移住労働者として故郷に帰ることがいかに大切なことであるかは、タイから政府公認ルートで人身売買被害者として送還されるラオス人女性たちの状況をみるとよくわかります。女性たちは1週間ほどラオスの首都ビエンチャンで政府の保護下で過ごした後、出身地方に送還されますが、その際、ある程度の額の資金が生活を立て直す目的で支給されます。

しかし、この資金は、タイで貯金をすることができなかったことの埋め合わせに、ビエンチャンのマーケットでタイ製の品々を買うために使われることが少なくありません。買い集められたタイ製の品々は外国で働くことによって、一旗あげることができた、成功のおすそわけとして、村人に配られます。お土産は、村人たちにあこがれや尊敬の念をかき立てると同時に、村の女性や少女たちを外国に働きに行くことに駆り立てます。

移住労働者を多く出している雲南州では、若い人が仕事のために村を出るため、子どもと老人しか見かけない村もある。© Chang Sing Kit, Chris

その一方、彼女たちが雇用主や客から受けた暴力や差別、家族から離れて暮らす孤独や悲しみは、彼女たちの心の中で押し殺されていきます。できるだけ早くたくさんのお金を貯めて母国に帰ろうという焦りや、それがかなわなかったらという不安な気持ちを押し殺して、外国で暮らした心情が語られることはありません。

誰もが外国に働きに行くことには犠牲がつきものだとなんとなくわかっていますが、あえてそのことにふれません。なぜなら、移住労働は結果がすべてだからです。そして、その「ふれない」という態度は、外国で働くことに失敗した人たちを受け入れない空気をつくりだしています。こうして人身売買の経験は「誰にもいえない秘密」として封印される一方、じつは個人の問題の枠を超え、彼女たちの親戚や家族、同じ地域に住む人びとの人生にも影響をあたえる、深刻な社会的問題として確実に広がっているのです。

第4章
人身売買の危険をはらむ移住労働

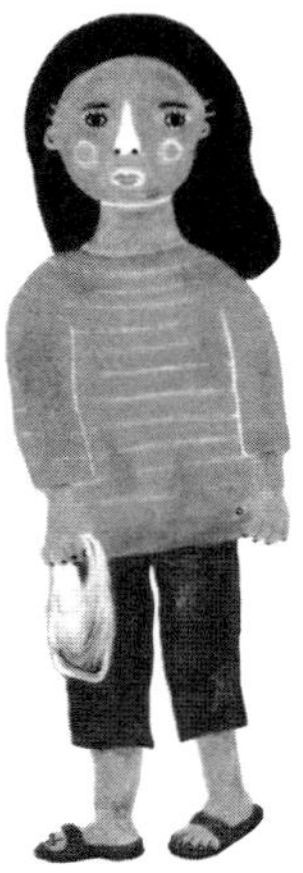

労働のグローバル化によって起きたこと

経済先進国では、家事労働・性産業などで働く途上国出身の外国人女性たちは、受け入れ国の労働力不足をおぎなうため外国からやってきた労働者と思われています。このように、1つの国の枠組みを超えた、世界的レベルで労働者が行き来することにより成り立つ経済の状態を、「労働のグローバル化」といいます。そして国と国の「つながり」が密になることで、1つの国で起きた経済的・社会的な変化がその国以外のほかの国や地域でも連鎖反応して影響をあたえることになります。そして、労働のグローバル化が進むにつれて、非常に多くの人びとが経済的条件の良い海外で働くようになりました。

さまざまなかたちの移住労働

自国を出て外国で働いている点では、移住労働者も人身売買された人びとも変わりません。さらに注目すべきことは、政府公認のルートで仕事についた

北インドの村からコールセンターのメッカとして有名なグルガオンにやってきた季節労働者たちの住まい。グルガオンは建設ラッシュでわいている。雨風をやっとしのげるテントの真横はゴミ捨て場。

移住労働者がさまざまな事情で人身売買におちいるというケースが近年多発しているという点です。これは、移住労働と人身売買が密接に関係した問題として考えなければならないことを意味しています。

あらためて移住労働者の問題を考えてみましょう。

国連は、移住労働者を「その者が国籍を有しない国で有給の仕事に従事する予定であるか、またはこれに従事する者」と定義しています。英語では移住労働者をマイグラントワーカーといいます。

外国に働きに行くルートは3つあるとされています。

①**合法ルート**＝政府が認可したルート。受け入れ国と送り出し国とで協定を結び、ある一定の数の労働者を対象とする。

②**非合法ルート**＝「労働者密輸業者（ブローカー）」の手をかりて、密出国・密入国で外国に渡るルート。スマグリングともいう。

③**偽装ルート**＝斡旋業者の手配によって国際結婚や留学といった合法の手段を悪用して海外に出るルート。

この3つのルートで海外に出たばあい、ルートによって外国での待遇も変わってきますが、いずれのばあいでも、人身売買される危険がともなうことが各種の聞き取りの調査からわかっています。

②の非合法ルートで出入国した人たちは、密航の手配や仕事の斡旋、資金の工面といったサービスを違法とわかっていながら業者からそのサービスを買い求めているため、それぞれの受け入れ国の政府から移民法を犯した「犯罪者」とみなされ、検挙されれば「入国管理センター」などの収容所に隔離されます。

③の国際結婚を偽装する方法は、途上国の女性と先進国の男性（おもに欧米、欧州、東アジア）との間で結婚させることです（111ページ参照）。そして、合法的に入国した後は、性産業や家事労働・製造業に女性を送り込みます。日本での偽装国際結婚のばあい、受け入れ国側の日本人の男性を斡旋業者が見つけてきて、何がしかの金を渡して結婚届けを出させます。結婚することによって女性は配偶者としての滞在資格を取得することができます。また、結婚する本人である男性が、偽装結婚する相手を性産業で働かせる目的で自国に入国させる手口も報告されています。

ヨーロッパの一部では、留学生をホストファミリーとして受け入れる伝統がありますが、留学生を受け入れる目的が、留学生の援助にあるのではなく、家

人びとは村から町へ、町から海外へといくつもの交通手段を使って移動する。バスの上の座席もそんな手段の1つ。北インド。©S. Iwaki

事労働力の確保のばあいがあります。留学生に子守などの家事労働をしてもらう代わりに、住居・食事などを提供するというオペアシステムという制度があるのですが、ホストファミリーのなかには勉学よりも家事を優先することを強要したり、行動の自由を束縛したりと人身売買まがいの環境で労働搾取の温床になっていることが、デル・ロザリオという学者がおこなった調査でも報告されています。

非合法・合法を装ったルート（②と③）を選択したばあい、トラブルがあっても法的な手段に訴えることができず、泣き寝入りせざるをえません。はじめから人身売買におちいる危険もあります。それでも合法より非合法のルートを選ぶ人が多いのは、お金さえ出せば渡航や就労のサービスを手軽に提供してくれ、手っ取り早いからです。

政府公認の合法ルートによる出国は自国の労働者を保護するという名目で、年齢・職業・渡航国などに比較的きびしい制限があります。

女性移住労働者が人身売買におちいる2つのパターン

渡航先の国で在留資格*をもつ・もたないにかかわらず、海外に働きに出た女性が人身売買におちいるケースにはおもに2つのパターンがあります。

1つ目のパターンは、ブローカーによって職を斡旋された女性や少女が、自分が想像していたよりも過酷な条件で働くことを強制されるケースです。アリーシャの例（13ページ）にもあるように、転売されるたびに借金が増え、やめたくてもやめられないというような状況におちいってしまいます。

2つ目のパターンは、政府公認の移住女性労働者が、無賃金・虐待などを受けたために、契約を結んだ雇用主のもとを去った後、すぐに帰国することができないため、引き続き在留資格をもたない非正規滞在の状態で国にとどまり、人身売買におちいっていくケースです。スリランカ人家事労働者・ダヤさんの体験（15ページ）がこのパターンをよくあらわしています。

現在、海外で働く労働者たちの安全を守るはずの法律が、当事者の不安定な立場を十分に理解せずにつくられているため、うまくその役目を果たせない

在留資格：外国人がその国でおこなうことのできる活動、または在留できる身分、地位。たとえば、留学で外国に渡ったばあい、在留資格として「学生ビザ」をあたえられる。

という深刻な問題があります。

たとえば、スリランカ政府公認のハウスメイドにあたえられている権利や特典は、政府が許可したある特定の雇用主のもとを去った時点ですべて失うことになっています。これは、スリランカ政府の規則で、特定の雇用主とのトラブルが解決できないばあいは、女性たちの安全を確保するため、本国に送還される決まりになっているからです。しかし現実には、政府公認の雇用主と満足のいく雇用関係を築くことができなかったからといって、帰国を申し出るケースはまれです。危険で不利な条件のなか、新たに仕事を探す羽目になります。

女性たちのなかには、在留資格を失ってもそのまま非正規滞在の状態で働く人もいれば、現地の男性と偽装結婚してその国にとどまる資格を得たりするケースもあります。このように合法と非合法の立場を行き来するケースも少なくありません。そのため司法関係者に、人身売買の被害を受けたという証明をするのがとても難しいのが現実です。

スリランカのハウスメイドたち。数人で１家族につき、家事・子守の仕事を分担しておこなうことも多い。
©H.Nicholas

約2億人といわれる移住労働者

ところで、世界でどのくらいの人たちがこのような環境で生活しているのでしょうか? たとえば、2008年の国際労働機関(ILO)のメディア向けの報告では、約2億人が移住労働者として世界中で働いているといわれています。

私たちの周りの国々でもそして日本でも、目立つ存在になってきました。経済協力開発機構*(OECD)の調べによると、2005年の時点ですでに、移住労働者受け入れ主要国であるシンガポールと香港では総人口の42・6パーセント、2番目に東アジア・東南アジアの国として、マレーシア(総人口の6・5パーセント)、3番目として、タイ・韓国・日本(総人口の1パーセント強)という結果が発表されました。

しかし、残念なことに世界でいま、非合法の移住労働者がどのくらいいるかはおおよその数しかわかっていません。ちなみにインドネシアとスリランカを対象にした研究報告では、非合法の手段で海外に働きに行く人の数は男女問わず、政府公認の合法のルートをはるかに上回っているといわれています。

経済協力開発機構(OECD):ヨーロッパ、北米などの先進国が中心となって、経済成長・開発・貿易の3つのテーマを経済の面から協議・分析する国際機関。日本は1964年に加盟。本部はパリ。

少し古いデータになりますが、政府の調べによれば、スリランカでは２００１年、政府公認の労働者としてクウェートに渡航する女性の数が２万９０５１人（大半がハウスメイド。男性は６０４２人）とされています。つまりこれ以上の数が非合法のルートで海外に働きに行っていると理解していいでしょう。

ラテンアメリカや東欧からの女性の家事労働者を受け入れている南ヨーロッパの諸国（イタリア、スペイン、ギリシャ、ポルトガル）では、観光や留学などの「合法ビザ」で入国後、ビザが切れた後も非正規で滞在し、資格外就労をするといったパターンの外国人女性労働者が近年多くなっています。

世界の国別　人身取引受け入れ度状況

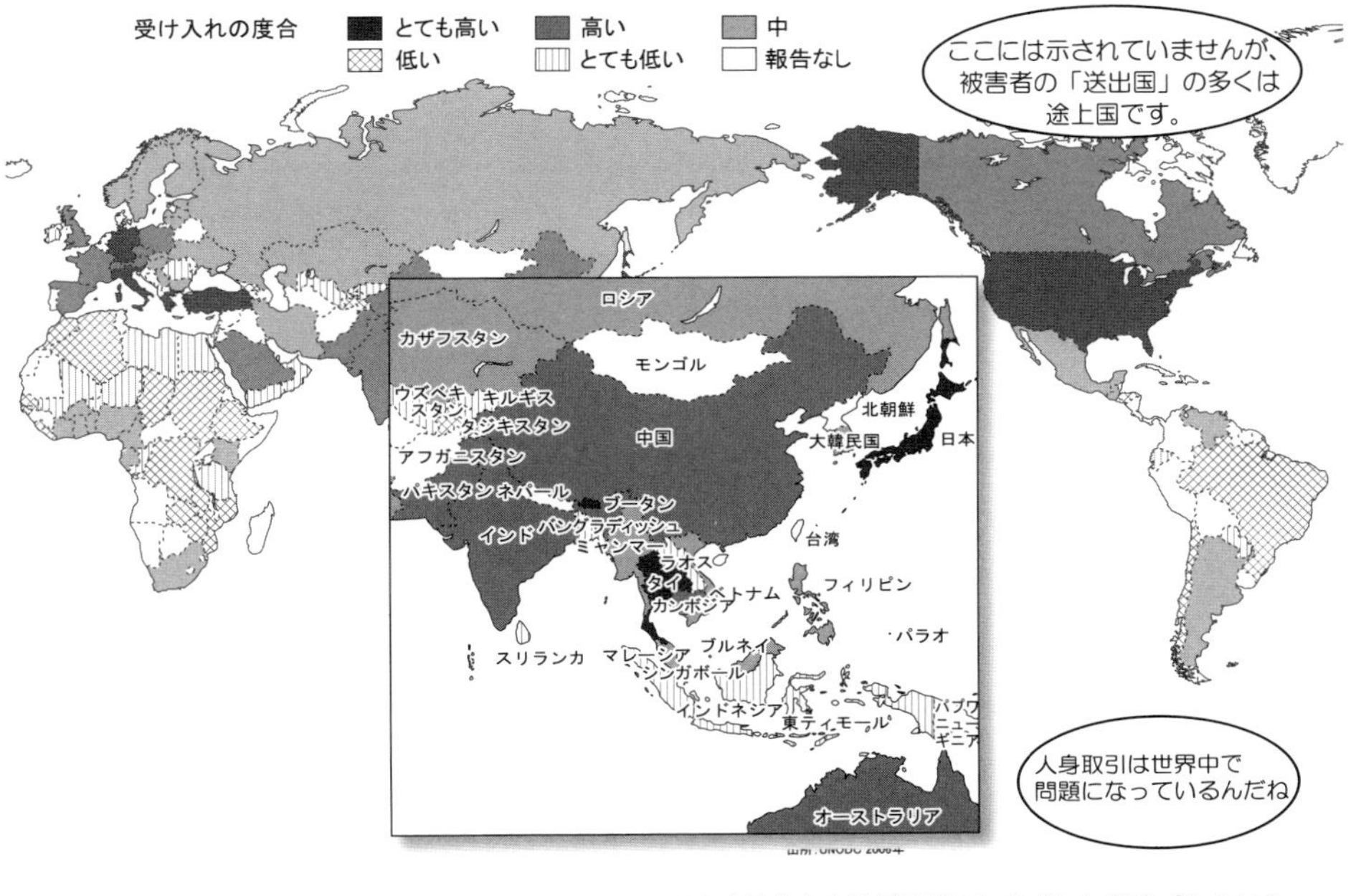
受け入れの度合
とても高い
高い
中
低い
とても低い
報告なし
ここには示されていませんが、被害者の「送出国」の多くは途上国です。
ロシア
カザフスタン
モンゴル
ウズベキスタン
キルギス
タジキスタン
中国
北朝鮮
大韓民国
日本
アフガニスタン
パキスタン
ネパール
ブータン
バングラディッシュ
インド
ミャンマー
ラオス
タイ
カンボジア
ベトナム
台湾
フィリピン
パラオ
スリランカ
マレーシア
ブルネイ
シンガポール
インドネシア
東ティモール
パプアニューギニア
オーストラリア
人身取引は世界中で問題になっているんだね

国立女性教育会館が啓発用に作成した貸出パネルから

移住労働者と合法化プログラム

これに対して、受け入れ国の一部では、非合法の移住労働者を対象に「合法化プログラム」政策を80年代後半から実施してきました。これは、受け入れ国の政府が非合法の移住労働者の数と状況を把握することで、移住労働者問題に対応することを目的とした政策ですが、実際にはこの「合法化プログラム」をあてにして、さらに多くの移住労働者がこれらの国に流れ込んできています。

移住労働者の出入りが激しいタイやマレーシアでは、違法の手段で入国してきた移住労働者とその家族に対して、政府が特別な就労ビザを出す「不法労働者合法化プログラム」が定期的に実施されています。

タイでは1996年から定期的にプログラムが実施されていますが、登録条件や費用・登録可能な労働分野が頻繁《ひんぱん》に変わるため、移住労働者は不安定な状況を強いられています。たとえば、03年の時点では、登録してからの1年間は仕事があってもなくてもタイに定住することができる特例のビザが発行されました。

タイ政府の統計によれば、翌年の04年には、１２８万４９２０人の非正規滞在をしている移住労働者が登録に訪れ、そのうちの９万３０８２人が15歳以下の子どもでした。審査の結果、84万７６３０人の非正規滞在者が移住労働者として合法化されました。

しかし、タイ政府は07年、非正規滞在している移住労働者の家族は登録できないと規則を変え、さらに09の1月には、タイ経済の不況を理由に、新しい登録はしばらくみあわせるという発表をしました。

また、マレーシアでは、推定24万人といわれるインドネシアからの家事労働者（90％以上が非正規滞在移住労働者である）のために同様なプログラムが定期的に実施されています。

ちなみに、これらのプログラムに申し込んできた移住労働者の数が、非合法の移住労働者の数を推定する1つの目安になりますが、非正規滞在をしている移住労働者としてさまざまな差別を受けてきた人びとがためらいもなく移民局に出頭するとは考えにくく、このプログラムに申し込む数字はあくまでも一部とみるのが妥当です。

タイの建設現場で働く外国人労働者たち。© M. Promyarat

移住労働を奨励する国の建前と本音

よりよい賃金と労働条件を求めるという個人的な希望だけで、人は外国に働きに行こうと決心するわけではありません。その背景にはじつは、送り出し国・受け入れ国政府のさまざまな思惑が潜んでいます。経済先進国では、国内だけでは満たすことのできない職種の労働力を外国から補充して、経済を発展・維持していく必要にかられています。そして、受け入れ国の多くが、限られた業種のみ、外国からの労働者を採用するという政策をとっています。

同時に、海外に働きに行くことを国を挙げてすすめている送り出し国があります。経済がうまく発展しないフィリピンやスリランカなどの国々は労働力を「輸出」することによって外貨を獲得する政策をとっています。移住労働者が国の家族に送る仕送りの総額は巨額です。２００６年には世界中で推定３０００億ドル（約30兆円）の送金が移住労働者によっておこなわれたという記録があり、これは経済発展途上国に対する援助総額の3倍以上になります。

たとえばフィリピンでは、国家政策として海外移住労働者への送り出しに1970年代から力をいれ、フィリピンの政府機関の調べによれば2007年の推定で、870万から1100万人のフィリピン人が世界182カ国に移住しているとされています。これはフィリピン総人口の約1割強にものぼります。また、2009年、フィリピンでは外国からの送金は約170億米ドル（約1・5兆円）、国内総生産の1割は海外からの送金がしめています。送金された外貨は、国内の経済を支える役目を果たすだけでなく、先進国への債務の返済などにも使われています。フィリピンでは、毎年、政府予算の6～7割が国内外への債務の返済*にあてられています。

フィリピンをはじめ、自国の労働者が海外に働きに行くことをすすめる国々は、「二国間協定」によって、政府公認の移住労働ルートを開拓しつづけています。家事労働や日本でも話題になっている看護師といった業種の移住労働は、年間一定数の労働者を受け入れ国が希望し、送り出し国が労働者を送るといった二国間の取り決めによる形式でおこなわれています。

しかし、国と国との間の平等な関係によって成立しているようにみえる労働者の送り出し・受け入れも、できるだけ多くの労働者を送り出し、外貨を獲

債務の返済：最大債務国日本で、支援という名目で貸し付けられた円借款は巨大な債務となっている。『講座人身売買』（解放出版社）より。

得したい送り出し国間のはげしい市場競争がおこっています。そのため交渉の主導権は受け入れ国になり、送り出し国には交渉の権限が小さくなるのが現状です。この競争に勝ち抜くためには、賃金を下げたり、労働者としての権利を妥協することを免れません。その結果、送り出し国の政府は、自国の出稼ぎ労働者が、受け入れ国で搾取され、人権侵害を受けやすい状況づくりに一役かっているといっても過言ではありません。

二国間協定などを通して、外国からの労働者の受け入れを許可している国のばあい、外国人に許されている職業は一般の職種にくらべ、労働条件がきびしく、権利が十分に守られていない傾向があります。たとえば、タイ政府はラオス・カンボジア・ビルマからの労働者が従事することができる職種を重労働(農業・漁業・レンガ・製氷工場・鉱山関係など)と家事労働*の大きく2つに分けています。

タイ憲法は、原則として労働者を国籍・性別・合法・不法といった法律上の社会的地位などを理由に待遇を差別することを禁止しています。しかし、外国からの労働者は非正期滞在であれば警察に捕まり強制退去され、合法の労働者でもタイ人とくらべると労働者としての権利が制限されているのが現実です。

家事労働：女性の移住労働者が多く雇用される家事労働は、法律上、労働として、おもに次の4つの規定パターンがある。①特定の法律によって家事労働が認められている国、②労働基準法や雇用法の一部として、家事労働が認められている国、③労働基準法にも関連法律にも家事労働がふれられていない国、④はっきりと家事労働を労働としてみとめないと記している国。

左、インドのレンガ工場で働く少女。
提供：ボーンフリーアートスクール。

さらに家事労働は、タイ社会では、女性の家族が無給でおこなう労働か、封建的な主人と使用人との関係のなかで使用人が奉仕の一環としておこなう労働として理解されていて、法律上も「労働」としての定めがないため、外国人家事労働者に対する虐待や労働搾取が犯罪とみなされないことが少なくなく、人身売買として取り扱われない傾向にあります。

同様に、人身売買や搾取労働が多く報告[*]されている重労働の漁業も、法律で労働として認められていないため、トラブルにあっても泣き寝入りするしかない状況になっています。

エンターテイナービザの矛盾

「エンターテイナービザ[*]（興行ビザ）」は、移住労働者に対してきびしい規則を実施する受け入れ国で、移住労働者が働くことを許されている、数少ない業種の1つとして、アジア、欧米で認められてきました。

しかし、人身売買のブローカーのネットワークが、性産業で必要とされる女性たちを確保するため、このビザを悪用しているとの報告が日本、台湾、韓

出典：Paitoonpong, S. J. Plywej and W. Sirikul. 2002. "Migrant Housemaids in Thailand: A Case Study", Thailand Development Research Institute 17 (4):21-28.

エンターテイナービザ（興行ビザ）：アーティストビザとも呼ぶ。「演劇、演芸、演奏、スポーツなどの興行にかかわる活動またはその他の芸能活動」をおこなうことができる在留資格。日本では、半年のビザが多く発給されていたが、人身売買の温床であるとの批判があり、2005年に厳格化された。その結果、来日するエンターテイナーの数は、04年の8万2741人が、06年には約10分の1の8607人激減した。しかし、「日本人配偶者」などの在留資格で新規入国したフィリピン人が、04年から翌年にかけて約500人増加（5038人から5530人）し、その後も増加している。偽装結婚が増加しているとの見方もある。出典：『講座人身売買』解放出版社、2007年。

国、スイス、オランダ、カナダなどで増え、国際的に批判をあびたため、この種のビザを廃止する国もでてきました。

「エンターテイナービザ」を取得するためには、原則的には出稼ぎを希望する本人が渡航を希望する国の大使館に行って、一連の書類審査や面接を受け、それに合格することが条件となっていますが、芸能人である資格証明書や「出演契約書」が偽造で、仲介役のブローカーもそれとわかっていて申請するケースが少なくありません。

「エンターテイナービザ」を持った女性が、歌手、ダンサーなどの芸能人の資格で入国しますが、実態はカラオケ店やスナック、パブでウエートレスとして雇われ、売春を強要されることも少なくありません。受け入れ国の政府は、性産業で外国人女性が虐げられ、搾取されているという実態を放置しておきながら、その一方で、外国人女性を巻き込んだ性産業の取り締まりをおこなっています。

受け入れ国の性産業の政策

性産業に対する各国政府の政策は、次の3通りに分けられます。

①売買春にかかわるすべての行為（買い手、売り手、管理者）、もしくはお金と交換に性的サービスをおこなうこと自体は罪ではないが、買い手と売春をする人を管理して、その行為から利益を得るビジネス（＝性産業）を違法とする売春禁止国（ポーランド、スウェーデン、イタリアなど）

②性産業を認め、売春施設〔赤線街〕を特定し、定期的に働く女性の健康チェックの義務化など一定条件を保つよう業者を規制する政策をとっている国（イギリス、ドイツ、タイなど）

③売春を正規の労働とみなし、売春制度を合法化している国や州。性産業で働く人（＝セックスワーカー）の基本的人権や労働者としての権利を保護している（オランダやアメリカのネバダ州の一部など）

たとえば、2000年、オランダ政府*は売春業を職業として認めることに踏み切りました。

オランダ政府：『オランダモデル—制度疲労なき成熟社会』長坂寿久、日本経済新聞社、2000年。

　オランダの政策は、性産業にきびしい基準を設け、そこで働く人たちに労働者としての権利を与えることによって、搾取や暴力、差別行為といった問題に取り組み、人身売買の被害を防止することをねらいとしています。性産業につく経営者は、税金の支払い、従業員の管理が義務づけられるとともに、性産業で働く個人は労働者として認められ、労働者としての権利が強化されました。

　ただし、この政策の恩恵を受けるのはＥＵ圏の国籍をもつ女性のみが対象で、アジアやアフリカ、ラテンアメリカなどの出身の女性の人権を守る意味ではあまり効果的ではないということが、その後明らかになっています。それは非ＥＵ圏出身の女性たちが性産業で働くのは依然、違法であるため、ＥＵ圏国籍の人びとと同じ給料をもらえなかったり、より過酷な労働条件で働かされるなどの差別を受けても、法に訴えることができないからです。結果として、人身売買を劇的に減らすという効果も期待できず、オランダ国内でもこの政策の是非が議論されています。

アフリカ、アジア、東ヨーロッパといろんな国の労働者があつまるオランダの青空市場。© E.Ikeda

アジアでこの40年何が起こったか

人身売買は、ある労働を必要とする国（受け入れ国）があり、その労働を提供できる国（送り出す国）があって成立します。また、「送り出し国」と「受け入れ国」がはっきり区別されているものではなく、「送り出し国」が同時に「受け入れ国」であったり、「受け入れ国」が同時に「送り出し国」であったり、さらに、アジア地域では多くのばあい、第三国への「中継国」としての役割をはたしているという特徴があります。

人身売買は、外国の労働者が受け入れ国の需要にこたえて国境を越えて移動するという点で、いわゆる「移住労働」と似通った現象です。移住労働者の流れが時代とともにどのように変化してきたかを追うことは、人身売買の流れを知る手がかりになります。

70年代後半の家事労働や性産業の分野を中心に、アジア、ヨーロッパ、中近東の受け入れ国と、それらの地域に送り出している国々の事情をタイの例からみてみましょう。

外国人のあつまるタイの観光地で果物を売る女性。

送り出し国から受け入れ国へ

タイでは、70年代後半から80年代にかけてタイ東北地方からバンコクに買春目的で人身売買されるケースが報告されるようになります。これは、60年代後半から70年代に本格化した隣国のベトナム戦争によって米軍の駐留基地がおかれたタイでは、米兵が一時休養をとる歓楽街としての役割も果たしたことが理由にあげられます。

ベトナム戦争終結後も、タイへの買春目的の観光客は増え続けます。タイを訪れる買春目的の外国人観光客にとって、自国よりも格安で買春・子ども買春（幼児性愛／ペドフィリア）ができることが大きな魅力となっています。

さらに、タイではバンコク、パタヤなどの都会の歓楽街*に、貧しい農村地帯が労働力を送り出し、海外にも流出していきます。そして、80年代から、ヨーロッパやアジアでおもに性的搾取目的の人身売買の被害を受けたタイ人女性の報告がされるようになりました。

タイからの労働者の流出の背景には、もともと定着していたヨーロッパ（ド

都会の歓楽街：タイの厚生省が定期的におこなっている調査によると２００２年、タイ全土の風俗店数は１万２２２７店。これにはタイ人を相手とする風俗店もふくまれている。性産業で働く女性の数は11万５７１４人とされている。出典：UNESCO・UNIAP 2003.Sex Workers and Sex Services Venues, Thailand in 1999-2003.

渡し舟に乗る人びと。インド系外国人労働者の姿が目立つ。ドバイでは、南アジア系の外国人労働者が60％をしめる。© J.Sinjorgo

イツ、オランダ、イギリス、フランス、イタリアなど）への移住労働の流れに加えて、80年代半ば以降、急速な経済発展をした香港、韓国、台湾、シンガポールなどの国々、世界有数の石油輸出国として飛躍的に発展し、積極的に外国からの労働者を受け入れる政策（人口の90％が外国人）を実施しているアラブ首長国連邦*などで外国人労働者の需要が急に増えたことがあります。

このころから、フィリピンなどに加えて、タイ、インドネシア、スリランカ、インド、エチオピア出身の女性労働者が、前述の新たな受け入れ国でハウスメイドや性産業の分野で働く姿が目立つようになりました。たとえば、ドバイでは、とりわけ、フィリピン人のハウスメイドは英語が話せて、比較的教育水準も高いため、給料が一番高く、フィリピン人メイドを雇うことが社会的に高いステータスの証だと思われています。

80年代には日本でも、フィリピン、タイ、中国、インドネシア、韓国、台湾から女性たちがやってきました。そして、90年代にはコロンビア、ペルー、ロシア、ルーマニアといったさまざまな国籍の女性たちが、おもに性産業を中心にはいってくるようになりました。

これまで労働者を多く海外に出しているタイですが、90年代以降、経済成

アラブ首長国連邦：1971年、中東アラビア半島のペルシャ湾地域に建設された連邦国家。7つの首長国からなる（アブダビ、ドバイ、シャールジャ、アジュマーン、ウンム・アル＝カイワイン、フジャイラ、ラアス・アル＝ハイマ）。絶対君主制の社会で、外国人労働者に対する権利や福利厚生は限定されていて、何年アラブ首長国連邦に住んでいようと外国人労働者は市民権を取得することができない。

拡大メコン地域：カンボジア、ラオス、ミャンマー（ビルマ）、タイ、ベトナム、中国の雲南省をまとめて「拡大メコン地域」とよぶ。

長するにつれ、ラオス、ビルマ、中国雲南省といった拡大メコン地域から建設業、漁業、農業、製造業、家事労働や性産業に多くの労働者が流れこんできました。２００４年、「バンコクポスト」の記事によれば、タイの国内総生産*（ＧＤＰ）は、推定、カンボジア、ラオス、ビルマの３つの国をあわせたＧＤＰの91パーセントに匹敵するほどの経済的な格差があるという報告がされています。

たとえば、08年、就労許可を与えられたカンボジア、ラオス、ビルマ出身の外国人労働者の数は男女ふくめて、50万１５７０人でした。そのうち、家事労働の仕事についた人の数は３つの国をあわせて、５万３９３３人で、とりわけ４万２３００人と圧倒的に女性がしめていたことがタイ政府の発表で明らかになりました。

さらに、２０００年代にはいると、東南アジア地域とヨーロッパを空路で結ぶハブ空港として、優れた空港をもつようになったタイは、「中継国」としての役割をはたすことになりました。ロシアやウズベキスタンといった旧ソビエト連邦国家で成り立つ独立国家共同体（ＣＩＳ）や東欧出身の女性*がタイを中継して、東南アジアの国やオーストラリアに送り出されていくケースが報告されています。

国内総生産：経済成長の伸び率を示すものさし。

独立国家共同体（ＣＩＳ）や東欧出身の女性：１９９０年代初頭、旧ソビエト連邦が崩壊したことにより、東欧（チェコ、ハンガリー、ポーランド、ルーマニア、アルバニアなど）、ＣＩＳ諸国（モルドバ、ウクライナ、ロシアなど）出身の若い、比較的高学歴の女性たちがよりよい生活をもとめて、ヨーロッパの性産業で働く現象がおきた。

カンボジアでの児童買春

カンボジアにおける人身売買の現状はとても複雑です。90年代になると、カンボジア人の少女や女性が国内の観光地や首都プノンペンに、売春をさせられるために売られるケースが多くなってきました。また、大勢の少女がベトナムから売られてきて性産業で働かされていますが、カンボジアからタイやマレーシアに売春目的のために売られるケースも目立つようになりました。

国内の性産業で働く人のうち推定25から35パーセントが18歳未満の子どもたちであることが指摘されています。この背景には、カンボジア政府の重要な収入源の1つである観光産業の急成長によって、欧米、アジアの先進国の児童性愛者をふくむセックスツーリストの急増があります。

観光客としてカンボジアを訪れる大人たちが、買春宿の客として、または観光地で物売り・物乞いなどをしている子どもたちをホテルに連れ込んで性的搾取するという報告が、90年代以降、頻繁に聞かれるようになりました。

深刻化するカンボジアの子どもの人身売買を防ぐためのプロジェクトを、日本とカンボジアのNGO団体が協力して2003年から取り組んでいます。（143ページ参照）

（甲斐田万智子）

第5章
奴隷と人身売買の歴史

世界の人身売買と奴隷の歴史

人の売り買いは、古代から現在にいたるまで、奴隷*の売買や奴隷貿易や年季奉公など、さまざまな形で、世界各地でおこなわれてきました。長年世界の奴隷制を研究し、『世界の奴隷制の歴史』*を執筆したオルラルド・パターソンさんは、「一時期、奴隷制を持たなかった地域は地球上に1つもない」といいきっています。

ひとくちに奴隷といっても、欧米やイスラム社会、アジア各国、アフリカなど、地域や時代によって「奴隷」の意味合いや自由度もかなり違いますが、奴隷制に共通することがありました。それは初期のすべての文明の中心地に奴隷制が確立したことです。また奴隷制が盛んになった社会や時代は、経済や文明が非常に栄えました。その関係性が一番強かったのが欧米の歴史だといわれています。

古代ギリシア・ローマは、単なる奴隷所有社会ではなく、奴隷が社会経済の基盤にある本格的な奴隷社会でした。たとえば小作農でも奴隷を所有し、

奴隷：人間としての権利と自由を認められず、他人の支配のもとにさまざまな労務に服し、売買・譲渡の目的とされる人。

『世界の奴隷制の歴史』オルラルド・パターソン、明石書店、2001年。本項でも参照。

個人でも奴隷の所有が認められ、人に贈ったり売買したり、相続の対象とまでされていました。多くは家事労働のほか、農地や鉱山などでの労働奴隷でしたが、家庭教師などの知的労働をになう奴隷がいたり、自由の身になる道が閉ざされていなかったりと、一般的に考えられている奴隷とは異なる点もあったとされています。奴隷として売買されていたのは、戦争による捕虜（外国人）のほか、罪をおかした受刑者、納税や負債のため家長に売られた女性や子ども、誘拐されて売られた女性や養子縁組をされた子どもなどもいたようです。

その後15世紀から19世紀の前半まで奴隷貿易が盛んとなり、ヨーロッパの奴隷商人がアフリカの黒人を駆り集めて売買する大西洋奴隷貿易がおこなわれました。ポルトガル、スペイン、フランス、イギリス、オランダ、ブラジルといった国々の奴隷商人が、１０００万から１５００万人ともいわれるアフリカ人を奴隷として売買したと推定されています。

ヨーロッパにも売られましたが、最大の売り先は、新大陸であった南北のアメリカ大陸でした。コロンブスが「発見した」新大陸から利潤を生むには、鉱山を開発し、農場を経営しなければならず、それには労働力が必要でした。大陸の先住民族は地形をよく知っていたので逃亡しやすく、黒人の方が体力があ

1905年、ベルギーの統治下にあったコンゴ自由国（現コンゴ民主共和国）の、森のなかで木を切り落とす作業を強いられている奴隷たちと監督のヨーロッパ人。© Anti-Slavery International

1905年、ベルギーの統治下にあったコンゴ自由国（現コンゴ民主共和国）にて、置き去りにされた女性たち。奴隷としてゴム園ではたらかされていた夫たちは、逃亡した。© Anti-Slavery International

ると見なされ、黒人奴隷が大量に投入されたといわれています。黒人奴隷は輸出農作物の生産や天然資源を採掘する労働力として酷使され、その莫大な犠牲の上に、アメリカをはじめとした受け入れ国は、経済発展を遂げていきました。その歴史は、たとえばアレックス・ヘイリーの『ルーツ』*に描かれています。

その奴隷貿易が縮小していくのは、皮肉なことに同じ経済的理由からでした。アフリカでは人が減り「奴隷価格」が上昇したのに加えて、南北アメリカでは奴隷による農業の生産量増大によって作物価格が低下し、奴隷貿易がもうかるビジネスではなくなり、縮小していきます。そして、奴隷制や奴隷貿易に対する人道的な反対が巻き起こり、１８０７年、イギリスで奴隷制度は禁止されました。その後、ヨーロッパ各国で奴隷制が禁止され、アメリカ合衆国では南北戦争における連邦軍の勝利によって奴隷制が廃止*され、禁止されました。

一方、イスラム社会やアジア諸国でも、古代からさまざまな形で奴隷制や人身売買がおこなわれてきましたが、同様に近代になって廃止されていきました。

『ルーツ』：アフリカの大地から奴隷としてアメリカに連れてこられた少年の成長とその半生を描いた親子3代の黒人一家の物語。アレックス・ヘイリーが、母の家系(ルーツ)をたどった小説。テレビドラマ化され世界的に大ヒットした。

テレビドラマ『ルーツ』DVDカバー

奴隷制が廃止：１８６３年１月にエイブラハム・リンカーン大統領は、「奴隷解放宣言」に署名。１８６５年にはアメリカ合衆国憲法修正第13条を成立させ、公式に奴隷制を廃止させ禁止させた。

日本の人身売買と奴隷の歴史＊

日本でも古代から奴隷が存在し、人身売買がおこなわれていました。それに対し時の権力はなんらかの規制を加えてきましたが、どの時代にも抜け道があり、社会的に弱い立場にある人が売られていくことになります。

７世紀後期からの律令制には身分制度があり、人びとは良民と賤《せん》民にわけられ、良民の売買は禁止されましたが、賤民の売買＊は認められていました。

そして、飢饉や経済的理由で、親が子どもを身売りにだしたり、年季奉公《ねんきぼうこう》＊というかたちで売ることが圧倒的に多かったようです。６７６年には「百姓が凶作のために飢えて自分の子を売ろうとしているので認めてほしい」という役所から国への要請が『日本書紀』につづられています。また、戦時には勝者が戦利品のように人を連れていく「人取り」ということもおこなわれていました。

平安時代になると女性や子どもを誘拐して売り飛ばす「人さらい」や「人買」が横行しました。人を抵当にして金銭の貸し借りがおこなわれて、返済できないばあい、人質は奴隷化されました。また戦乱、飢饉、重税に苦しんで逃

＊日本の人身売買の歴史については、各種の資料や史実を元に牧英正さんが長年にかけて丹念に研究し、『人身売買』（岩波書店、１９７１年）という本にまとめられているので、それを参照にしている。

賤民の売買：賤民のなかには「公奴《ぬ》婢《ひ》」と「私奴婢」があり、公有と私有の奴隷がいて、売買の対象とされていた。『日本書紀』には奴婢が登場するほか、奴隷の売買について定めた法（令）も残っている。

年季奉公：給金を親が先に受けとるかたちで子どもを商家などに働きに出し、一定期間、住み込みで労働や家事に従事させること。

亡する奴隷が続出しました。平安中期以降には、貴族や神社などの家内で使われる「下人」が売買・譲渡・相続の対象になりました。そしてさらに鎌倉時代、室町時代と人身売買が盛んになり、中世の中ごろから、永代売買と期限を区切った年季売買とに区別されるようになりました。また戦国時代は、勝者による「人取り」が盛んであったといわれています。日本の密貿易商人である倭寇《わこう》*は中国、朝鮮で、金品や物資のほか、人もさらって売買しました。

そして１５４３年にポルトガル船が種子島に漂着して後、ポルトガルとの貿易がはじまると、ポルトガル商人たちによって多くの成人男女・子どもたちがポルトガルの勢力がおよんだ各地に売られました。１５８７年、豊臣秀吉は貿易の名のもとにおこなわれていたポルトガル商人による人身売買を禁止しています。一方、秀吉は大阪や京都に「遊郭《ゆうかく》*」を設けることを認可し、幕府による管理売春制度がはじまりました。これを公娼制度と呼びます。

その後、江戸時代に人身売買は禁止されましたが、年貢を納めるための「娘の身売り」は認められ、性奴隷の遊女奉公が広がりました。親や家族の危難を救うため身を売る娘の行為は美談とされましたが、その現実は苦界*の極みでした。また、前借金の年季奉公制度も盛んにおこなわれました。

倭寇：「倭（日本）による侵略」という意味で、諸説あるが、中国、朝鮮では日本の海賊を意味する。

遊郭：多数の売春宿が集まっている一定の地域。色里、郭《くるわ》、遊里ともいわれる。

苦界：遊女の生活は苦しみに満ちていることから、「苦界10年」といわれた。過酷な労働や性病、度重なる妊娠と堕胎、自害、情死など、年季を終える前に命を落とす人が多かった。

明治になると、深刻化する人身売買の状況に対して政府はいくつかの法令*を発効します。しかし、実際には、人身売買はその後も芸娼妓《げいしょうぎ》*契約や、養子にみせかけた契約などの形で続けられていきました。また製糸・紡績業が発達するにともない、農村の少女が、わずかな前借金によって製糸工場などで奴隷的状態*におかれ、搾取されるようになりました。

からゆきさん

鎖国がとかれた江戸末期から明治大正時代にかけて、日本から海外の「娼《しょう》館《かん》（売春宿）」に売られていった娘たちがいます。「から（唐＝外国）行き」さん*と呼ばれ、長崎県の島原や熊本県の天草の貧しい農村や漁村から売られていきました。すでに江戸時代から長崎の外国人貿易業者により彼女たちは妻や妾《めかけ》、売春婦として東南アジアなどに送られていましたが、明治維新以降アジア太平洋戦争の敗戦までの日本の大陸進出・南洋開発活動にともなって、シベリア、満州、朝鮮から台湾、東南アジア、太平洋の各地に日本人業者による組織的売春業が展開されました。

法令：1870年、子どもを中国人に売ることを禁止した禁令。1872年、強制的な年季奉公の廃止、公娼制度を大規模に制限する芸娼妓《しょうぎ》解放令など。

芸娼妓：芸者や遊女

奴隷的状態：労働時間は十数時間で牢獄のような寄宿舎での生活を強要され、逃げれば残虐なリンチを受けた。過酷な労働・生活条件のため、結核などで病死する女工が続出した。『女工哀史』細井和喜蔵、改造社、1925年。

からゆきさん：「から」は唐天竺の唐から転じて外国をさし、海外に行く男女や海外に働きに行くことを意味した。やがて海外の娼館に奉公に出る女性たちを意味するようになった。からゆきさんがどのような状況のなかで海を渡ったか、当時の記録と証言から彼女たちが直面した現実をたどるには、森崎和江『からゆきさん』（朝日新聞社、1979年）を参照。

また、アジア各国を植民地支配していた欧米の軍隊が駐留していた都市に、日本人などが経営する売買春施設である娼館が作られ、そこに女性たちが送り込まれました。女性たちを集めたのは「女衒《ぜげん》」と呼ばれた斡旋業者でした。女衒たちは貧しい農村・漁村から若い女性を集めてきました。親には外国でいい働き口があるともちかけ、現金を渡して娘を「買い受けた」女衒は、売春業者に売り渡すことで利益*を得ていました。

やがて海外における日本人「娼婦」の存在が「国家の恥」とされ、1920年には海外娼館を廃止する「廃娼令《はいしょうれい》」がだされました。これにより日本に帰国するからゆきさんもいましたが、帰国しても家族や社会に受け入れられず、冷たいまなざしや差別の試練が待っていたことが、その後のからゆきさんへの聞き取り*で明らかになっています。また売春をしたことを恥じて、そのまま現地に残る女性たちも少なくありませんでした。

戦時性奴隷制

近代の歴史で忘れてはならないものは、戦時性奴隷*と呼ばれ、日本軍に従

利益：その状況を重くみた政府が、1907年、刑法226条に海外への「略取誘拐罪」を導入している。ただし、現在は海外から日本への人身売買がさかんであるため、2005年、刑法が改正され、「人身売買罪」が導入された。

聞き取り：『サンダカン八番娼館』山崎朋子、文芸春秋、新装版2008年

『サンダカン八番娼館』表紙

戦時性奴隷制：「女性たちの戦争と平和資料館」のウェブサイトの中の「慰安婦」問題のQ＆Aを引用および参照。慰安所設置の指揮・命令系統、誰がどのような目的でつくったのか、管理・経営、「慰安婦」の数、どう集められたか、被害女性は何を求めているか、など根拠あるデータをもとに示されている。

軍した「慰安婦」の問題です。

1937年、日中戦争がはじまると日本軍の指揮管理のもと軍隊や政府組織が軍人や軍属のために売買春施設である「慰安所」を上海をかわきりに、シンガポール、フィリピン、ビルマ、インドネシアとつぎつぎと設置しました。

慰安所で働かされた女性たちの多くが、からゆきさん同様、偽《にせ》の勧誘を信じて、または本人たちの意思に反して、売春することを強制されました。これらの女性たちは「慰安婦」と呼ばれ、日本人もいましたが、ほとんどが日本が侵略した植民地の女性たち*でした。

「慰安婦」にされた女性に共通していたのは、経済的にも社会的にも、政治的にも弱い立場にあったことで、「女性の選別は、民族・人種、貧富、ジェンダーによる差別が交差したもの」（女性国際戦犯法廷*のハーグ最終判決より引用）でした。この点は過去と現在の人身売買に共通しています。

そして、もう1つ「慰安婦」問題と現代の人身売買に共通している点は、女性たちの尊厳・被害の回復や補償がなされないまま、問題が放置されてきただけでなく、被害を受けた女性たちに対して逆に、「もともと売春婦だった」とか「お金欲しさに自ら望んでそうなったのでは」など、事実誤認のうえに憶測

『フィールドワーク日本軍「慰安婦」——学び・調べ・考えよう』アクティブ・ミュージアム「女たちの戦争と平和資料館（WAM）」編、平和文化、2008年。

WAM展示カタログ『中学生のための「慰安婦」展』、2010年

植民地の女性：台湾人女性や朝鮮人女性は、日清戦争（1894～95年）や日露戦争（1904～05年）を通じて日本が侵略した植民地の女性であり、

と偏見に満ちた暴言で攻撃し、差別的な「まなざし」を女性たちに浴びせかけている人たちが存在しているということです。

しかし、日本も世界も、この戦時性奴隷の問題に真摯にむきあってきませんでした。その結果、現在も世界中の紛争地域では人身売買や集団レイプは続いています。未来に同じ過ちをくり返さないために、永続的な問題解決にむけた取り組みが必要です。

戦後の人身売買

一方、戦争や紛争がない平時の人身売買については、第二次世界大戦後、民主化政策がすすめられ、日本国憲法がつくられたことで大きな変化をみせます。

売買春目的の人身売買については、売春防止法が1958年4月全面施行されて一時的に減りました。警察庁の統計によれば、売春関連の人身売買被害者数は、1955年には1万3433人だったのが、63年には4503人に減少しました。

朝鮮人、台湾人、中国人、華僑（華人）、フィリピン人、インドネシア人、ベトナム人、マレー人、タイ人、ビルマ人、インド人、ユーラシアン、太平洋諸島の人びと。オランダ人は、日本による十五年戦争（1931～45年）の期間に侵略した国の女性だった。

女性国際戦犯法廷：2000年12月7日から12日まで東京で開催。第二次世界大戦中において旧日本軍が組織的におこなった性奴隷制などを裁いた民衆法廷。法廷憲章に基づき、被害者本人が証言し、数々の証拠資料が提出され、世界的に著名な国際法などの専門家が、「慰安婦」制度について事実を認定し、戦争当時の法に基づいて判決。判決は2001年12月にハーグで下された。

しかし、この法律には人身売買が規定されていないという問題がありました。売春を助長する行為を処罰するのみで、買春する人は罰せられることがなく、逆に売春する人が補導され、根本的な解決にはなりませんでした。そのことが、現在多様化している性的搾取の人身売買の問題につながっています。

そのほかの労働分野で多く見られた人身売買では、北海道の「タコ部屋」*、九州炭鉱地の「納屋《なや》制度*」、前借付きの年季奉公などがありますが、これらの制度は労働関係法規の整備や労働組合運動などによって戦後廃止されていきました。

また、戦災孤児の人身売買、もらい子のしくみを悪用した人身売買も、児童福祉法によりきびしく取り締まられるようになりました。これらの規制により日本人を相手にした人身売買は激減します。

しかし、90年代より、経済発展途上国からの研修生を受け入れる外国人研修・技能実習制度（106ページ参照）が始まり、それが悪用され、研修生や技能実習生の多くが小額の手当てで過酷な労働条件や制約のもと働いています。実態的には労働分野の人身売買といえる現象がおきています。

こうしてみると、人身売買は、性的分野であれ労働分野であれ、一時は減少

タコ部屋：おもに戦前の北海道で、労働者をかなりの期間拘束して、非人間的な環境で過酷な肉体労働を強いた。労働者をタコと呼び、彼らを監視した部屋をタコ部屋とよんだ。

納屋制度：労働者を納屋（飯場）に収容し、請負業者である納屋頭の日常監視による身体的拘束の元に半強制的な労働をさせる制度。

しつつも、人びとの経済状況の悪化などさまざまな要因によって、再び息をふきかえし、根本的には変わっていないようにもみえます。そして過去にこの課題と向き合い克服することができなかったことが、現在の人身売買の現状につながっています。過去何千年と克服できなかったことを、わたしたちは克服できるのか、世界と日本での現在の取り組みをみながら、考えていきたいと思います。

第6章
人身売買に対する国際社会の取り組み

戦後ようやくはじまった取り組み

では、国際社会は人身売買に対し何をしてきて、何をしてこれなかったのでしょうか?

人身売買は古くから世界各地でおこなわれてきましたが、世界がこの問題に国際的に取り組みはじめたのは20世紀になってからでした。それも、当時ヨーロッパや北米の白人女性や子どもが売春を目的に国外に売られることが「白人奴隷取引」として問題とされたことをきっかけにしたものでした。それまで黒人奴隷は問題とされず、白人に問題がおよんだときにはじめて取り組まれるようになったのは、明らかに人種差別といえるでしょう。

また、19世紀に女性に参政権を認めた国はありませんでした。それまで「女性」と「奴隷」には社会人としての権利は認められず、結果として「人間」としてみなされてこなかったといっても過言ではないでしょう。

その後、2度の世界大戦の教訓*から、平和を維持するためには人権尊重の法制度が必要であることが認識され、平和と人権の確立をめざして、国際連合が

教訓:ドイツのナチス政権によるユダヤ人、ロマ、障がい者などへの迫害、大量虐殺(ホロコースト)と他国への侵略行為は表裏一体で、人権侵害を放置すれば戦争に結びつくこと。

設立されました。１９４８年にすべての人が人として等しい権利を有することを定めた「世界人権宣言」*が国連総会で採択されたのは、画期的なことでした。

第1条で「すべての人は生まれながらにして自由で、尊厳と権利において平等である」ことがうたわれ、第4条では奴隷の禁止も確認されました。それにあわせるように翌年の１９４９年、「人身売買及び他人の売春からの搾取の禁止に関する条約」*が採択されました。

しかしこの条約では、人身売買が定義されておらず、それが売春と同様の意味で使われ、人身売買を正確にとらえたものといえず、国際的に批判されました。人に売春をさせる売春業を禁止することに主眼がおかれ、条約の実施状況を監視する報告制度もなければ、各国への強制力もなく、不十分なものでした。結果として、人身売買の撤廃は国際的な課題とはなりませんでした。

それがようやく90年代になって国際的課題になる背景には、75年の「国際女性年」*を契機にはじまった国際的な女性運動の高まりがありました。とくに女性に対する暴力が、つねに個人的で些細《ささい》な問題として無視されるか、軽視されてきたことに対して女性たちが立ち上がり、「女性の権利は人権である」と主張し、93年に国連の「女性に対する暴力撤廃宣言」*を生み出したのです。

世界人権宣言：すべての人民と国家が達成すべき共通の人権の基準として１９４８年12月10日に国連総会で国家の合意により採択。宣言の精神をうたった前文と30条で構成される。その後、多数の国がその内容を自国の法律に反映し、この宣言をもとに国際人権条約がつくられていった。

人身売買及び他人の売春からの搾取の禁止に関する条約：１９５１年発効。日本は同条約に加入するために国内法を整備する目的で56年に売春防止法を制定した。

国際女性年：国連は１９７５年を国際女性年とし、メキシコで初の女性に関する世界会議を開催し、メキシコ宣言と世界行動計画とを採択。コペンハーゲン、ナイロビ、北京と世界女性会議が続き、２０００年には国連特別総会「女性２０００年会議」が開催された。

女性に対する暴力撤廃宣言：１９９３年のウィーン世界会議で「女性に対する暴力は人権侵害であること」が決議され、それをうけて国連総会で採択された宣言。

年の「第4回世界女性会議」では北京行動綱領*が採択され、人身売買根絶に向けた法制度の必要性が国際社会でも認識されてきました。

しかし、法整備は各国政府の自主性にゆだねているのが現状で、人身売買が、送り出し国にとっても受け入れ国にとっても経済的な利益をもたらし、社会的に必要悪とみなされがちだったため、それ以上の進展はなかなかありませんでした。

国際組織の犯罪を防止するために

その後、各国を人身売買根絶の方向に突き動かしたのは、国際的な組織犯罪を防止するという国際社会に共通する目的でした。犯罪組織の収入源は、「武器」と「麻薬」と「人の密輸・売買」とされてきましたが、そのなかでもっとも規制がゆるかったのが人身売買だったのです。犯罪組織の資金源を絶つためにも人身売買をきびしく取り締まる必要が強調されるようになりました。

国連で「国際組織犯罪防止条約」*を起草する政府間の特別起草委員会ができた際、女性と子どもの人身売買、移民の密輸、銃器に関する国際文書の起草

北京行動綱領：北京で開催された第4回世界女性会議で採択された行動綱領のこと。189ヵ国が署名。「女性に対する暴力」を含む12の重大問題領域における戦略目標と行動を掲げ、それらを活動の優先事項として取り組むよう署名国に義務づけた。

国際組織犯罪防止条約：組織的な犯罪集団への参加・共謀や犯罪収益の洗浄（出所をかくして市場に流し、汚れた金をきれいにする）、司法妨害、腐敗などの処罰、対処措置などについて定めた国際条約。2003年に発効。2010年10月現在、147ヵ国が署名、157ヵ国が加盟。日本は署名のみ。

も同時におこなわれました。そして2000年に「国際組織犯罪防止条約」とそれを補完するための「人身売買」「密入国」「銃器売買」に関する3つの議定書*が国連総会で採択されました。

この「人身売買禁止議定書」によって、はじめて人身売買が国際条約で定義されました。

また、この議定書は人身売買を犯罪とするために必要な法律の制定や、そのほかの措置をとることを締約国に義務づけ、人身売買の防止についても、包括的な政策や計画、措置をとることを義務づけています。さらに、人身売買に対処するには国際協力が不可欠なことを明記し、各国や国際機関の協力や連携を促進することを目的としていることも重要な点です。

努力義務にとどまった被害者の保護と支援

しかし、この「人身売買禁止議定書」には限界があります。この条約がそもそも犯罪防止の観点から作られた条約のため、人権を守るという視点からの規定が非常に弱いのです。国連の人権に関する会議や機関はスイスのジュネー

議定書：既存の条約と密接な関係があり、その条約を補う性格の条約。

ブに集中していますが、この条約は犯罪防止に関する機関が集まるウィーンで会議を重ねたことにもそれが象徴されてます。

「反差別国際運動（ＩＭＡＤＲ）」もこの議定書が審議されている期間、ジュネーブ事務所のスタッフがウィーンに通い、人権の視点を入れるためにＮＧＯのネットワークをつくり、調整役となって政府と会議や交渉をしてきました。

その成果もあり、被害者の保護が議定書の目的の1つに加えられ、それが第6条から第8条に盛り込まれ、被害者の肉体的、精神的および社会的回復のための措置として、適切な住居、被害者が理解できる言語での情報提供およびカウンセリング、医学的、心理学的、物質的支援、雇用、教育、訓練の機会などの提供、被った損害の補償を得る機会の確保、さらには送り出し国における一時的または恒久的な滞在の許可などが規定されました。

しかし問題は、「適切なばあいに」「その国内法の下での可能な範囲で」「実施することを考慮する」という言葉によって、締約国の実施義務が骨抜きにされ、「メニューは示したから後は各国で努力しよう」という合意になってしまっていることです。一般的に被害者の保護や支援にはお金がかかるため、この規定を強くすれば、財政上の理由で議定書の批准はできないとする国々が多数

国連人権高等弁務官事務所（ジュネーブ）。世界各国の人権の保護と促進を目的として活動する国連の人権専門組織。

出てくることから、そのような妥協が生まれました。また人身売買の被害者の多くはその国の国民ではないため、各国の判断によって、「可能であればできるだけ助けてあげる」対象で、国が権利を保障すべき主体とは考えられていないことが大きな要因です。

限界への挑戦

「人身売買禁止議定書」の限界を早くから指摘し、人権を中心にすえた取り組みを主張してきた「国連人権高等弁務官事務所（ＯＨＣＨＲ）」は、専門家やＮＧＯなど民間の意見も考慮して、２００２年に「人権および人身売買に関して奨励される原則および指針*（ガイドライン）」を作成し、国連経済社会理事会に提出しています。このガイドラインには、議定書では各国の努力義務だった事項や、議定書に盛り込むことができなかった人権の最優先事項、人身売買に関する原則が、11項目にわたる指針として具体的に示されています。人身売買への取り組みの際にもっとも参照されるべき重要なガイドラインです。

またアメリカは、世界的な人身売買の撲滅をめざし、世界各国の人身売買

『人権および人身売買に関して奨励される原則および指針（ガイドライン）』：
指針1　人権の促進および保護
指針2　人身売買された人びとおよび人身売買者の認定
指針3　調査、分析、評価および広報
指針4　適切な法的枠組みの確保
指針5　適切な法執行機関（警察など）の対応の確保
指針6　人身売買された人びとの保護と支援
指針7　人身売買の防止
指針8　子どもの人身売買の被害者の保護と支援のための特別措置
指針9　救済へのアクセス
指針10　平和維持従事者、文民警察官および人道援助従事者・外交官の義務
指針11　国家および地域間の協力と協調
E/2002/68/Add.1　２００２年5月20日、日本語全訳はＩＭＡＤＲのウェブサイト（http://www.imadr.org）参照。

の課題と取り組みを査定し、毎年人身売買報告書*を出すようになりました。

日本は、２００４年に発表されたこの報告書で、最低限の基準もみたしていない「監視対象国」と査定されたため、日本政府が力を入れて取り組む契機となりました。

人身売買の問題には、国連人権高等弁務官事務所のほか、国連薬物犯罪事務所（ＵＮＯＤＣ・34ページ参照）、国際労働機関（ＩＬＯ・36ページ参照）、国際移住機関*（ＩＯＭ）、国連児童基金*（ＵＮＩＣＥＦ）、国連開発計画*（ＵＮＤＰ）、国連女性開発基金*（ＵＮＩＦＥＭ）など、多くの国連専門機関や国際機関がさまざまな取り組みをおこなっています。

90年代から地域を特定した調査やプロジェクトが、さまざまな形で数多く展開されています。とくにアジア、アフリカ、ラテンアメリカの人身売買の送り出し国での人身売買の実態調査や、被害者に対する保護プロジェクトなどは一定の成果をあげています。ただ、国連専門機関などの国際組織のなかでもばらばらに取り組まれ、各国やＮＧＯなどの民間組織もそれぞれ独自に取り組みを進めていたため、取り組みの重なりやかたよりがあり世界的な人身売買に対処するのに、総合的な連携や調整が必要とされています。

人身売買報告書：米国国務省が自国の人身売買被害者保護法に基づき、世界各国における性的搾取や強制労働などを目的とした人身売買に関し、各国の取り組みを評価し公表している年次報告書。

国際移住機関（ＩＯＭ）：世界的な人の移動（移住）の問題を専門に扱う国際機関。本部はジュネーブ。ＩＯＭ駐日事務所は、１９８１年に開設され、日本は１９９３年に加盟。

国連児童基金（ＵＮＩＣＥＦ）：世界中のすべての子どもたちの権利の実現にむけた取り組みをおこなう国連総会の補助機関。本部はニューヨーク。１９４６年設立。

国連開発計画（ＵＮＤＰ）：世界の開発とそれに対する援助のための国連総会の補助機関。本部はニューヨーク。１９６５年設立。

国連女性開発基金（ＵＮＩＦＥＭ）：女性の人権保護促進、政治参加、経済安定の促進など、女性の支援を専門に担当する国連機関。本部はニューヨーク。なおＵＮＩＦＥＭは、新設される「ジェンダー平等と女性のエンパワーメントのための国連機関」（ＵＮＷＯ

現在各国の取り組みに関しては、人身売買禁止議定書に加入している国々の年次会合で、お互いの情報の共有や取り組みの連携が進められています。また、国際機関や政府、NGOが連携する取り組みも地域によって生まれています。

たとえば、タイのバンコクに事務所をおく、大メコン周辺地域における「人身売買に関する国連機関合同プロジェクト」*（UNIAP）は、多国間や、機関と機関をつなげる連携体制として注目され、さらに、メコン地域の6カ国政府が共同で主導する人身売買対策「COMMIT」*も注目されます。そのほかにも、世界各地で諸機関の連携の取り組みがおこなわれています。

「人身売買の需要があるから人身売買はなくならない」という認識から、受け入れ国である「先進国」での啓発活動もようやく活発になってきました。国際機関と企業や財団が協力して啓発をおこなうケースもでてきました。

たとえば、MTV*が英国のMTVヨーロッパ財団や米国際開発庁（USAID）と提携して、インターネット上で専用コーナーを設け複数の短い啓発ビデオを発信しています。この取り組みには、国際移住機関（IOM）なども協力し、若者の目をひくように著名人も出演し、コマーシャルを見る感覚で人身売買のことが理解できるようになっています。

MEN）に統合される。

人身売買に関する国連機関合同プロジェクト（UNIAP）：2000年に始まった取り組みで、カンボジア、ミャンマー、中国、タイ、ラオス、ベトナムの各国政府、12の国連機関、8つの国際NGOから構成されており、この6ヵ国に関わる人身売買問題に包括的に対処するために、情報交換、研修などを実施。詳細は、http://www.no-trafficking.org/ 参照。

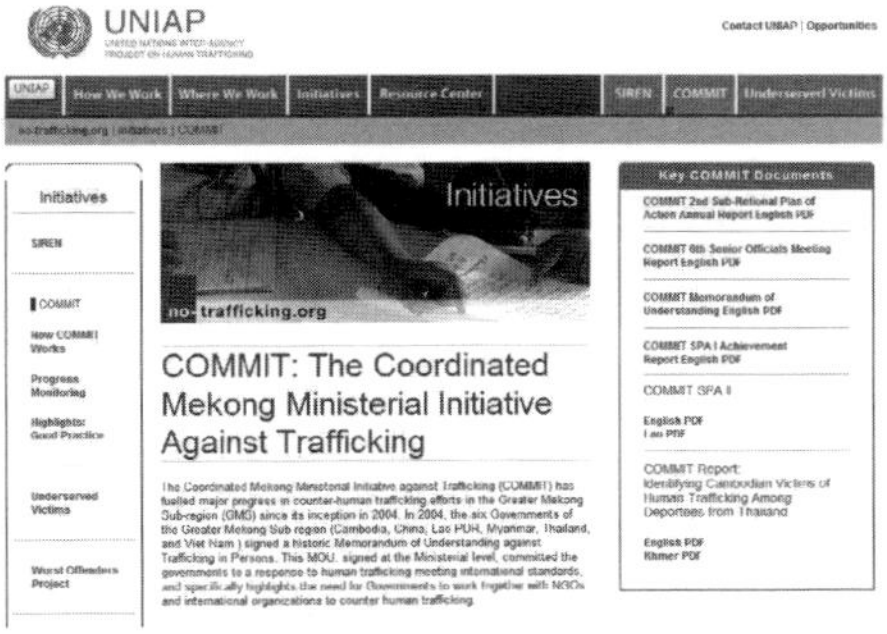

UNIAPのウェブサイト

HOME
VIDEO
NEWS
TV
EVENT
SPECIAL
PRESENT
EXIT
END EXPLOITATION AND TRAFFICKING
EXIT
人身取引
なぜそれが起こるのか？
USAID
レディオヘッドとMTV EXITがコラボレーション！
社会的な問題となっている人身取引に関しての認知を広め、防止・予防を促すキャンペーンである「MTV EXIT」にレディオヘッドが全面的に協力！
彼らの新作アルバム『In Rainbows』に収録されている新曲「All I Need」のミュージックビデオは、人身取引をテーマにした内容になっていて、MTVでしか見られない独占ミュージックビデオ。『人身取引なんて身近な問題じゃない』と思っているキミも、レディオヘッドのメッセージが込められているこのミュージックビデオを見て、もう一度考えてみよう！
≪キミが思っている以上に、人身取引が行なわれている。人身取引・搾取を終わらせよう≫
► PLAY
All I Need
SPOT動画
► PLAY
Truth
► PLAY
Subway
► PLAY
特番予告

MTV EXITのウェブサイトより

人身売買対策「COMMIT」：6カ国で覚書が調印され、これまで同地域における共同の行動計画が2度策定されている。

MTV：音楽ビデオのほか、多様な若者文化、ビデオをインターネットで発信しているアメリカの会社。http://www.mtvjapan.com/special/exit/（日本語版）

第7章
受け入れ大国日本の現実

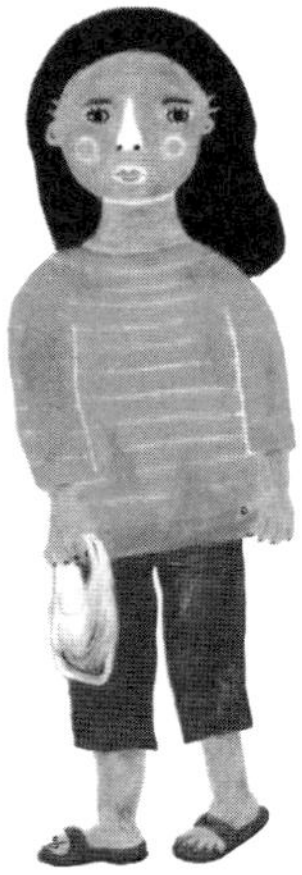

人身売買の受け入れ国として知られる日本

日本の中ではあまり知られていませんが、国際的には日本は人身売買の受け入れ大国として知られています。よく、「日本には毎年何人くらいの人が人身売買されてきますか?」と質問され、「○万人います!」と言いたくなりますが、問題が表にでにくい性質上、正確な数値がだせないのが実情です。

おもに経済的な理由で経済発展途上国から日本に移住して働きたいと思っている人が大勢いるにもかかわらず、日本で正規の在留資格を得るのは、たいへん狭き門です。そのため人びとは人身売買業者の「日本で働ける」という甘い言葉にひっかかり、業者の手をかりて日本に入国してきます。しかし、入国したとたん、パスポートなどを取り上げられ、当初の話とはまったく違う法外な時間や条件で働かされる現実をみれば、実態的には人身売買ですが、警察に保護される「被害者」の数は驚くほど少ないのが現状です。

警察庁がウェブサイトで公開している「平成20年度中における人身取引事犯について」という資料(図参照)によると、検挙件数は36件で、被害者の数はわずか36名です。また、「被害者の出身国」は、２００1年からの8年間で多い順にみると、タイ、フィリピン、インドネシア、コロンビア、台湾、中国、韓国、ルーマニアと続き、ロシア、カンボジア、ラオス、エストニア、オーストラリアとなっています。ここ数年だけでも13カ国から人身売買されて日本に来ていることがわかります。

日本における人身売買でもっともその数が多いといわれているのが、長年おこなわれてきた性売買を目的とした人身売買ですが、80年代から90年代にかけて多様化し、現在、さまざまな形態の人身売買がおこなわれています。国際斡旋結婚や偽装結婚も人身売買の温床となっています。

90年代からは、経済発展途上国からの研修・技能実習制度が導入され、それが悪用され、労働分野の人身売買が急激に増えています。また、日本社会の高齢化により看護師や介護福祉士のニーズが増えたのにともない、インドネシアやフィリピンからその候補者の受け入れがはじまり、それが人身売買の温床にならないかと懸念されています。それらのことをもう少し具体的にみていきましょう。

図　平成20年度中における人身取引事犯について 人身取引事犯の検挙状況等

	13年	14年	15年	16年	17年	18年	19年	20年
検挙件数	64	44	51	79	81	72	40	36
検挙人員	40	28	41	58	83	78	41	33
ブローカー	9	7	8	23	26	24	11	7
被害者総数	65	55	83	77	117	58	43	36
タイ	39	40	21	48	21	3	4	18
フィリピン	12	2		13	40	30	22	7
中国（台湾）	7	3	12	5	4	10		5
日本							1	2
中国（マカオ）								2
中国		4	2					1

	13年	14年	15年	16年	17年	18年	19年	20年
バングラディシュ								1
インドネシア	4		3		44	14	11	
コロンビア	3	6	43	5	1			
韓国				3	1	1	5	
ルーマニア					4			
ロシア				2				
カンボジア			2					
オーストラリア					1			
エストニア					1			
ラオス				1				

出典：警察庁生活環境課

「からゆきさん」から「じゃぱゆきさん」へ

70年代、日本人男性によるアジアへの「買春ツアー」が問題になりました。日本の男性たちが世界から「エコノミックアニマル」とやゆされ、「セックス観光」に対する非難が高まると、70年代後半から、今度は海外に行かなくても買春ができるよう、逆にフィリピンやタイなどの東南アジアから女性たちが日本の性産業などに売られるようになりました。人身売買組織と暴力団が日本の膨大な買春市場に目をつけ、女性たちを組織的に売買して送り込むようになったのです。

過去に日本からおもにアジア諸国に売られていった女性たちが「からゆきさん」とよばれていたことから、日本に売られる人びとは、「じゃぱゆきさん*」とよばれました。

送り出し国のブローカーから日本のブローカーに引き渡された後、風俗営業店に売られ、彼女たちは売春を強要され、ヤクザの見張りのもと、事実上の監禁生活を強いられました。女性たちには正規の在留資格*がないため、警察に

じゃぱゆきさん：「からゆきさん」や「じゃぱゆきさん」の呼び名は、性奴隷の過酷な現実をみえなくするものであるため、「　」をつけている。男性のばあいでも、悪質なブローカーによる中間搾取、雇用主による低賃金の強要や賃金不払い、労働災害の多発など、無権利状態だった。当時の次の新聞記事の見出しからも「じゃぱゆきさん」の状況がうかがえる。

・じゃぱゆき派遣業摘発　九千万荒稼ぎ　ストリップ劇場へ　一五〇〇人
（神奈川新聞１９８８年３月11日付）

・比女性あっせんで荒稼ぎ　踊り子やホステスに
（毎日新聞１９８８年４月21日付）

・タイから六〇人売春婦を紹介　七人を逮捕
（朝日新聞１９８８年６月23日付）

在留資格：外国人が日本に入国・在留して行なうことができる活動などを分類したもの。入管法では27種類のいずれかの在留資格が付与されて初めて日本への入国・在留が認められるとしている。

捕まれば罪を問われて強制送還されてしまうため、逃げにくい状況にありました。その状況を悪用し、業者と暴力団が一体となって、人身売買による巨額の富を得ていたのです。

90年代には人身売買の被害にあったタイ人女性が、人身売買の業者で監視役だったタイ人のスナックのママさんを殺害する事件が続き、問題となりました。タイ人女性が関与した事件*は、下段の通りです。しかし、すぐに人びとの記憶から消え、人身売買に対する抜本的な取り組みはされませんでした。

現在は、このような管理型売春の形態は少なくなり、より巧妙に「女性たちが逃げ出さない程度」に自由を与える、ソフトな形態の管理の人身売買が主流をしめています。しかし女性に課される架空の借金は以前にもまして高額となり、また人身売買業者・風俗業者・暴力団が混然一体となって女性たちを搾取して巨額の富を得ている構造は変わりません。

女性たちは自分自身や家族への報復を恐れ、また逃げ出して帰国しても架空の借金はなくなるわけではないため、それらを背負って懸命に働き、さまざまな苦難に直面しながらも、家族への仕送りをおこない、架空の借金を返していく人が多いのが現状です。ある女性は「怒りを力に変えた」と話してくれま

タイ人女性が関与した事件

下館事件	茂原事件	新小岩事件	桑名事件	四日市
茨城、1991	千葉、1992	東京、1992	三重、1994	三重、2000
3タイ人女性が管理者タイ人ママを殺害	5タイ女性が管理人台湾人ママを殺害	5タイ女性が管理人シンガポール人ママを殺害	タイ女性が強姦と監禁の末、客の男性を殺害	タイ男性がタイ女性を庇ってボスのタイ人女性を殺害
350万円の「借金」、強制買春、強制労働	380万円の「借金」、強制買春、強制労働	350万円から400万円に「借金」引き揚げた	殺害男性は外国人女性の強姦、強盗を繰り返していた	550万円の「借金」、強制買春

齋藤百合子 作成

した。行き場のない怒りを力に変えて前進する女性たちの多くには、苦難を乗り越えてきた自負があり、自らを「被害者」と自覚していないことが多く、警察や入国管理局が被害者と認定しないことにつながっています。

「外国人研修・技能実習制度」の現実

「婦人服の縫製技術を学べると聞いて来日しましたが、実際はクリーニング屋で朝8時半から12時まで働き、パスポートを取り上げられ、はじめの半年は休みがなく、手取りは月5万円でした」

外国人研修・技能実習制度を通じて２００６年に来日した3人の中国人女性が自分たちの体験を通して研修生の現実を証言してくれました。国連の人身売買に関する特別報告者である、ジョイ・ヌゴシ・エゼイロ（１２９ページ参照）さんが日本を公式訪問して人身売買の状況を調査した２００９年7月のことです。

外部との接触を制限されていた3人は、来日して2年後、ようやく労働組合につながり、相談して、社長に法に基づく報酬の支払いを求めました。する

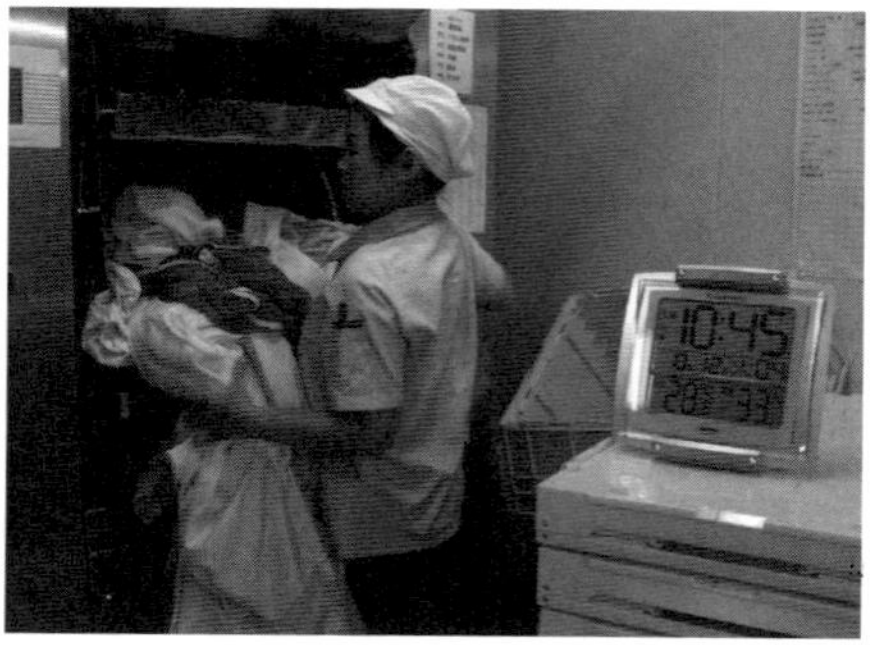

クリーニング屋で残業する研修生
©全統一労働組合

と、2日後に暴力を受け、社長に雇われた20名ほどの男性がいきなり部屋にやってきて強制帰国させられそうになり、1人は寮の窓から飛び降り複雑骨折し、1人はバスの窓から逃げ、それぞれ山梨や東京の全統一労働組合に駆け込みました。同組合の代表は、これは特異な例でなく、毎日同様の相談があること、大阪・福井・岐阜など各地でも同様の相談が寄せられていることを語り、具体的な相談事例を示しつつ、制度の問題点を指摘しました。

外国人研修・技能実習制度は、経済発展途上国の人に一定期間、日本の技術を習得してもらうという「国際協力」の名目で93年にスタートした制度です。しかし、実際のねらいは安い賃金ですむ外国人労働者を日本に呼び込みたいということでした。これが経済界からの要望でしたが、それに対して日本政府は外国人移民が定住することによって起こるさまざまな社会変革に対応することに不安を持ち、長年外国人単純労働者の受け入れを原則おこなってきませんでした。

日本のバブル経済がはじけ始めた80年代後半から、経済状況が悪化し、とりわけ多くの中小企業が倒産していくなかで、その救済策として経済界が政策提言し、政府も応じたのがこの外国人研修制度の活用と技能実習制度の導

ある技能実習生の寮　©全統一労働組合

入でした。事実、研修受け入れ先は、中小零細企業が集まってつくった協同組合などが8割以上を占めています。またそのうち中国からの研修生が5割以上になっています。今や日本で働く外国人研修・技能実習生*は年間で約20万人にのぼります。

長期にわたり低賃金*で長時間労働を強いられたうえ、残業の時給は300円から500円で、布団など日用品のリース代を給料から天引きしたり、トイレに行くたびに罰金を課すケース、逃亡防止のための強制貯金など、さまざまなケースが給与明細と共に報告されました。

研修手当の額は、2007年に国際研修協力機構*（JITCO）が点検した申請書類からすると、月額「6万円以上8万円未満」がもっとも多く、全体の76・7％を占め、月額平均は6・6万円。技能実習生への支給予定賃金は、食費や住宅手当を含めて、月額平均12・1万円。ただしこれらは支給予定額です（国際研修協力機構のウェブサイトより）。

女性のばあい、受け入れ機関の責任者からセクシャル・ハラスメントやレイプを受ける被害も報告されています。しかし、この制度では、不満があっても受け入れ先を変わることが許されていません。さらに問題は、本国から日本に

日本で働く外国人研修・技能実習生：2007年に在留資格が「研修」の新規入国者数は、約10万2000人、技能実習への移行者は約5万4000人、技能実習中の人は10万人近くにものぼり、合計20万人が国内で働き、研修生・技能実習生の数は年々増加している（厚生労働省　平成20年6月研修・技能実習制度研究会報告）。実習可能な職種・作業は63職種・116作業（2008年4月現在、研修・技能実習制度の現状及び制度改正の概要について、法務省）。

低賃金：詳細は、外国人研修生権利ネットワーク編『外国人研修生時給300円の労働者——壊れる人権と労働基準』（明石書店）など参照。

国際研修協力機構（JITCO）：外国人研修・技能実習制度の適正かつ円滑な推進のために1991年に法務、外務、厚生労働、経済産業、国土交通の5省共管により設立された公益法人。同制度に関する詳細、統計はJITCOのウェブサイト参照。

来る前に年収の数倍にあたる保証金（15万から１００万円）を支払わされ、「途中で帰国したら契約違反として保証金を返さない、または別途違約金（３００万から500万円）を請求する契約を結んでいるばあいが多いことです。これが足かせとなって、ほとんどの人が泣き寝入りしている状態です。実際、日本で権利を主張し、裁判の結果、各１００万円を得た４人の中国人男性が、中国に帰国後、その数倍の保証金を没収され、違約金の支払いを求める裁判を起こされたケースも報告されました。

　このような行為は、法務省が不正行為として指針に定めて禁止していますが、08年に不正行為が認定された機関は４５２件と過去最悪を記録しました。また、景気の急速な悪化で技能実習生が中途解雇されるケースが相次ぎ、解雇されても、当然、失業給付などが受けられないという問題があります。

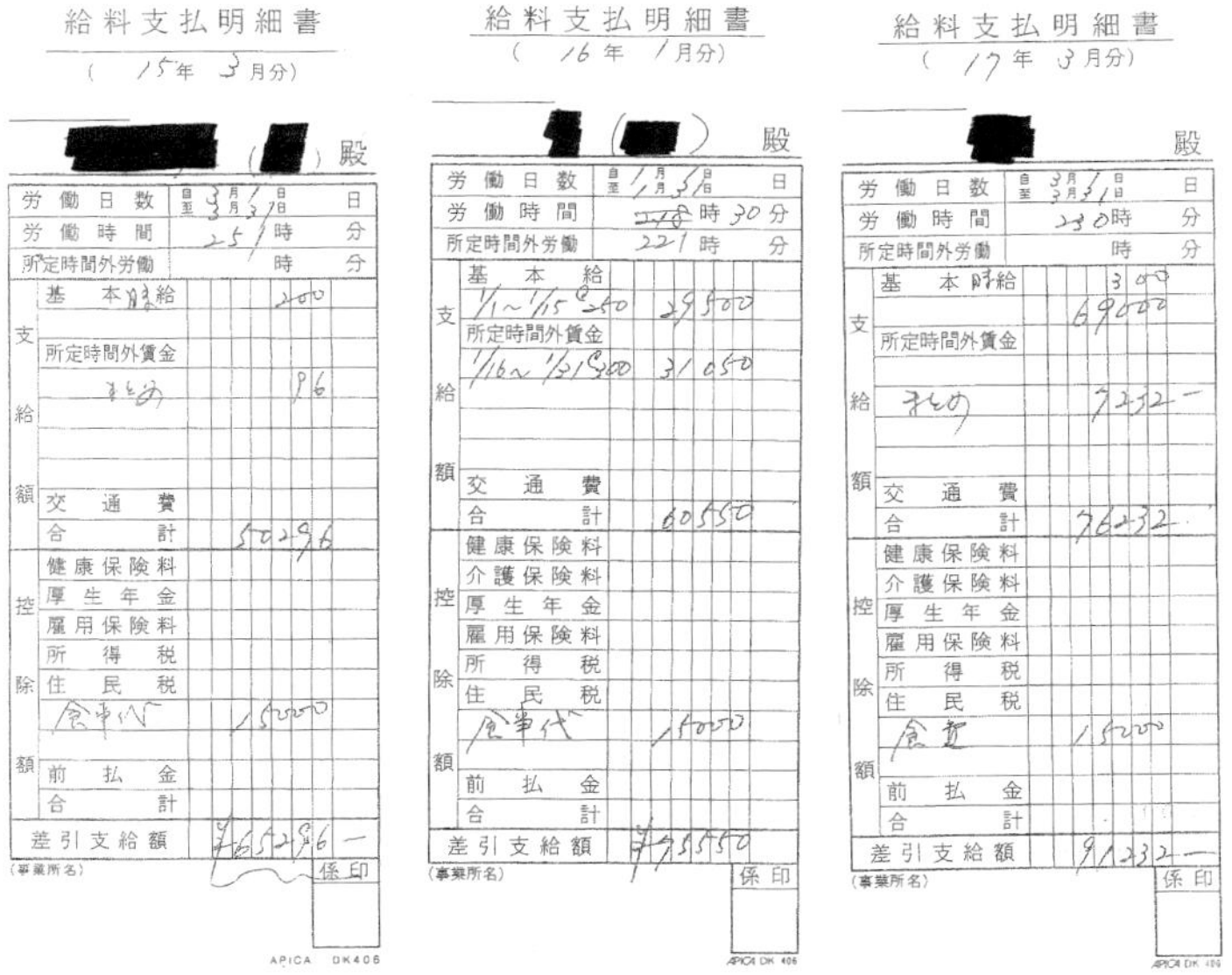

給料支払明細書
（15年 3月分）

[redacted]（[redacted]）殿

労働日数	自 3月1日 至 3月31日	日
労働時間	251 時	分
所定時間外労働	時	分
支給額	基本時給	200
	所定時間外賃金	
	まとめ	96
	交通費	
	合計	50296
控除額	健康保険料	
	厚生年金	
	雇用保険料	
	所得税	
	住民税	
	食事代	15000
	前払金	
	合計	
差引支給額		¥65296―

（事業所名）　係印
APICA DK406

給料支払明細書
（16年 1月分）

[redacted]（[redacted]）殿

労働日数	自 1月1日 至 1月31日	日
労働時間	~~218~~ 時 30 分	
所定時間外労働	221 時	分
支給額	基本給	
	1/1～1/15 @250	29500
	所定時間外賃金	
	1/16～1/31 @300	31050
	交通費	
	合計	60550
控除額	健康保険料	
	介護保険料	
	厚生年金	
	雇用保険料	
	所得税	
	住民税	
	食事代	15000
	前払金	
	合計	
差引支給額		¥75550

（事業所名）　係印
APICA DK 406

給料支払明細書
（17年 3月分）

[redacted] 殿

労働日数	自 3月1日 至 3月31日	日
労働時間	230 時	分
所定時間外労働	時	分
支給額	基本時給	300
		69000
	所定時間外賃金	
	まとめ	7232―
	交通費	
	合計	76232
控除額	健康保険料	
	介護保険料	
	厚生年金	
	雇用保険料	
	所得税	
	住民税	
	食費	15200
	前払金	
	合計	
差引支給額		91232―

（事業所名）　係印
APICA DK 406

ある技能実習生の給与明細　©全統一労働組合

また、財団法人・国際研修協力機構（ＪＩＴＣＯ）の調査では、08年に34名の研修生が死亡し、うち16名が長時間労働によって、脳・心臓疾患を起こし過労死をした疑いが強い、ということが報告されました。しかし何の手立てもなされていないのが現状です。

「外国人研修生権利ネットワーク」のメンバーとして長年活動してきた川上園子さん（アムネスティ日本）は、以下の比較表を作っています。研修生・技能実習生向けの誓約書の内容と米国務省が作成した人身売買被害者の見分け方の比較表です。研修生や技能実習生の実態が、誓約書の内容からは、実態的には人身売買の状態にあるといえます。

米国務省の「人身売買報告書」でも日本に関する記述の中で、２００７年以降、この研修制度が人身売買の一つの形態として指摘されています。

研修生・技能実習生向けの誓約書の内容（ある一次受け入れ機関＝商工会議所作成）	**人身売買に関する考慮事項**（米国務省人身売買監視対策室「人身売買被害者の見分け方」より）
・携帯電話の所持禁止 ・手紙の禁止 ・社内での「お祈り」の禁止 ・断食は日本で禁止 ・送金の禁止 ・遠出の禁止 ・違約金の規定 ・パスポートの保管 ・その他	・本人が職場から自由に外出できるか ・身体的・性的・また精神的な虐待を受けていないか ・本人のパスポートまたは有効な身分証明書があるか、本人が所持しているか ・どのような報酬および雇用条件で雇われているか。その報酬は実際に支払われているか。雇用条件は守られているか ・自宅に住んでいるか、それとも職場の中またはその近くに住んでいるか ・本人またはその家族が脅迫されたことがあるか ・本人がその仕事をやめたばあい、本人または家族に危害がおよぶことを恐れているか

業者が仲介する国際斡旋結婚

「農村花嫁」「メール・オーダー・ブライド（通販花嫁）」という言葉があります。地方での過疎化が進み、とくに農家の担い手や跡取りがいなくなることに危機感を抱いた地方自治体は、１９８０年代に国際結婚を斡旋しました。たとえば山形県の村山地域では、85年に朝日町がフィリピンから「花嫁」を連れてきたのを皮切りに、行政主導で国際斡旋結婚が広がっていきました。次第に来日した女性たち自身が斡旋業者となり、現在では民間主導で「農村花嫁」の受け入れがすすめられているといわれています。

国際結婚の紹介業者はインターネット上だけでも数えきれないほどあります。日本の男性に対して、外国とりわけアジアの女性を紹介する業者がほとんどです。ツアー代金を払って男性が海外に出向いて複数の女性の中から相手を選ぶタイプから、写真やそのほかの情報で選ぶタイプなどさまざまです。多くは出身国別に女性を選べるようになっています。広告されている紹介料より最終的に多額の料金を支払うことになるケースも多く、それが３００万とも

500万ともなれば、業者は実態的に人身売買の業者のような形になっていないか、と問題になっています。花嫁を迎える男性にとってはそんな意識はないこと、結婚は最終的に両者の合意に基づくものであり、結婚をしてよかったと思っている人たちも、もちろん数多くいるため、これまで踏み込みにくい問題として、その実態が調査されることもありませんでした。

しかし、地域をまわる保健師や、NGOへの相談事例によると、女性が家庭内で暴力を受けていたり、老人介護や農作業、家事の要員としかみなされていないケースや、男性の家庭状況が斡旋業者から説明されていた話とまったく違うなどの不満があり、一部ではさまざまな問題が報告されています。なかには仲介業者や女性にだまされたと主張する男性もいます。ここ数年、国際結婚の斡旋業者が起こした悪質な事例などが世の中でも問題にされるようになったことから、注意を促す情報もインターネットを通じて伝えられています。

次ページにある新聞広告は、日本在住の中国人向けの週刊新聞『東方時報』の広告です。山形県で長年、国際斡旋結婚した中国人女性の通訳をおこなってきた西上紀江子さんが国際斡旋結婚に関する講座で紹介したものです。「急募、20～30代のかわいい女性。すぐに結婚できます。ビザがすぐに切れてしまう人は優先的に紹介します」とあります。また「研修生大募集中」「ビザの種類は問いません」と書いてあります。

すでに日本で生活している中国人の「研修生」は、日本語や日本での生活に慣れているため、「花嫁」としての「商品価値」が高く、中国から連れてくるより経費がかかりません。ビザが切れる前に、日本に定住する道を模索している中国人女性の心理を業者が巧みに利用し、結婚を斡旋しているのです。

研修生も実態的に人身売買に該当するケースが多いことを考えると、研修から国際斡旋結婚へと、問題がつながっていることを痛感させられます。

最近では、経済的に苦しい日本人の男性をターゲットに、偽装結婚も横行しています。男性が斡旋業者から女性に名義を売り、人身売買された女性と手続き上結婚したかたちをとらせ、女性は「配偶者ビザ」で入国するというものです。入国した女性は、性産業などで

中国人向けの週刊新聞、『東方時報』の広告

働いたり、働かされたりしますが、ブローカーは捕まらずに、公正証書原本不実記載の罪に問われるのは女性であるという問題もあります。

２００５年から興行ビザの取得がきびしくなって、フィリピンからのビザ取得が激減したのにともない、配偶者ビザで入国している人が増えています。人身売買とも考えられるような国際斡旋結婚と偽装結婚の両方が含まれていると考えられています。２００７年の『人身売買報告書』（米国務省）の日本に関する記述のなかで、偽装結婚に対する取り組みが不十分であることが指摘されていますが、今後の実態把握が必要な分野です。

人身売買された女性の子どもたち

80年代から興行ビザで来日したフィリピン人女性の多くが日本人男性と国際結婚して、日本に残りました。しかし、結婚の約束をして子どもを生んだものの、結局、日本人男性が女性と子どもを棄ててしまうケースが相次ぎ、フィリピンと日本で父親がいない子どもが増えています。この子どもたちは、ジャパニーズ・フィリピーノ・チルドレン*（ＪＦＣ）と呼ばれ、父親捜しや認知、

ジャパニーズ・フィリピーノ・チルドレン（ＪＦＣ）：こうした相談が日本の弁護士に次々に持ち込まれ始め、約60名の弁護士が、93年4月に「ＪＦＣ弁護団」を結成した。そして無償で全国に散らばる父親捜しをして、見つけたら、認知や養育費を求めての交渉、調停訴訟などをおこなった。94年5月には、「ＪＦＣを支えるネットワーク」が結成され、この問題に市民が直接かかわれる体制を整えた。詳細は、同ウェブサイト http://www.jfcnet.org/ 参照。

養育費などが問題となっています。

日本では婚姻関係にない外国人の女性と日本人の男性の間に生まれた子どもたちは、出生前に日本人男性から認知されないかぎり、日本国籍を取得できないという問題があり、何千人もの子どもたちが日本国籍を取得できない状況にありました。そこで、出生後に認知をうけた10名のＪＦＣが、支援団体とともに国籍取得の裁判を起こし、２００８年6月、最高裁判所は10名のＪＦＣに日本国籍を認める判決を下しました。その裁判結果をうけて、２００９年3月には国籍法が改正*され一定の前進がありました。

しかし、課題は多く残されています。フィリピンで両親が結婚していても、日本の戸籍に両親の結婚や子どもの出生が届けられていないため、ほんらい日本国籍を取得していたはずの子どもたちの多くが、日本国籍を喪失しているという問題があります。また、フィリピンでの婚姻が日本では無効だと勘違いしている男性のなかには、日本で法律上結婚したままフィリピンで結婚していたり、フィリピンで結婚し、日本で届出をしないまま日本で別の女性と結婚しているケースなどの問題も続出しています。

また、タイ人女性と日本人男性の間に生まれたタイ・ジャパニーズ・チルド

国籍法の改正：出生後に日本人の親に認知された子の届出による国籍取得について、父母が結婚しているという要件が削除された。また、うその届出者への罰則が設けられた。

レン（TJC）の課題もあります。ドメスティック・バイオレンス（夫や恋人からの暴力）など、さまざまな理由でタイに帰国する母親に同伴する子どもたちは、タイでの生活に適応障害をおこしたり、経済的に苦しい状況に加えて、健康面や教育面でも困難に直面しています。

さらに、人身売買された女性たちは、どこの国の出身であっても、不特定多数の男性を相手にし、客がコンドームの使用を許さないこともあることから、女性が性病やHIV／AIDSに感染する危険が高く、母子感染などにより子どもがHIVに感染するばあいもあります。母子ともの医療支援をはじめとした総合的支援が必要とされています。

フィリピン・インドネシアからの看護師・介護福祉士の受け入れ

2005年、フィリピンからの興行（エンターテイナー）ビザによる入国手続きの規定がきびしくなり、フィリピンからのビザ取得者が激減しました（69ページ参照）。送り出し国のフィリピン政府としては、エンターテイナーに代わる形で女性たちを日本に送り出し、女性たちから外貨の仕送りを期待したいところでしょう。そこで検討され実現したのが看護師・介護福祉士の受け入れです。これは、日本とフィリピンの「経済連携協定＊（ＥＰＡ）」というかたちで進められ、09年5月にはじめて候補者を日本に受け入れました。

フィリピン国内では高齢化が進むアジアやヨーロッパの社会で介護士に対する需要が増えることを見越して、数年前から介護士養成学校が急増しているという事情もありました。また、日本側にも、急速な高齢化によって、この分野での労働力が不足しているという事情がありました。両国のニーズが一致し、実施された協定でした。

一方で問題もあります。①フィリピンで医師や看護師が不足するなか、それに拍車をかける結果となること、②この制度が悪用されて、人身売買の温床になることが懸念されること、③日本の看護師や介護福祉士と競合することになり、この分野の労働賃金がさらに押し下げられる要因になるのではないか、ということです。

看護師・介護福祉士の受け入れは、フィリピンからだけではありません。08年には「日・インドネシア経済連携協定」に基づいて、インドネシア人の看護師・介護福祉士候補者の「適正な受け入れ＊」が両国首脳によって署名されま

経済連携協定（ＥＰＡ）：２国間の自由貿易の協定。２００８年12月に発効。社団法人国際厚生事業団が受け入れの支援事業をおこなっている。

適正な受け入れ：
①これまで受け入れを認めてこなかったインドネシア人の看護婦・介護福祉士を「二国間協定」で公的に受け入れ、「国際厚生事業団」（ＪＩＣＷＥＬＳ）が唯一のあっせん機関としてあたる。
②受け入れ施設で就労しながら国家試験の合格を目指した研修をおこなう。インドネシア人と受け入れ施設との契約は雇用契約で、日本人が従事するばあいに受ける報酬と同等以上の報酬を支払う必要があるほか、日本の労働関係法令や社会・労働保険が適用される。
③3年間ないし4年間の滞在の間に看護師・介護福祉士の国家資格を取得し、引き続き日本に滞在できるようにすることを目的とした制度で、受け入れ施設の責任で、国家試験の合格を目標とした適切な研修を実施することが重要。

した。

しかし実際に08年夏から受け入れがはじまり、準備期間不足のほか、受け入れ病院・施設の費用負担（研修費など）が、受け入れを希望する病院・施設の少なさに結びついているなど、課題も明らかになっています。

第8章 日本の人身売買の課題と取り組み

被害者の保護支援に奔走してきた民間シェルター

日本への人身売買が盛んになった80年代から人身売買の問題にいち早く取り組んできたのは、女性団体と民間シェルターです。現実に被害者が駆け込んでくるのに対応する形で、緊急一時保護施設として民間のシェルターをつくり、長年女性たちの保護支援にあたってきました。おもなシェルターは「女性の家ヘルプ（HELP）」*「女のスペースみずら」*「女性の家サーラー」*などです。

諸外国では、国や自治体が、民間シェルターやホットラインの運営費用の多くを出していることと比較すると、日本では、自治体による助成が一部あるだけで国からの財政支援は、非常に少ないのが現状です。政府の人身売買対策によって、被害者がいったん公的な施設である婦人相談所に保護されてから受け入れ依頼があったときのみ、小額の委託費*がでるようになりましたが、それも予算の都合上少ないのが現状です。

過去に人身売買された人が、日本人男性と結婚してドメスティック・バイオレンスを受けることも多く、これらのシェルターにかけこむようになり、民

女性の家ヘルプ（HELP）：日本キリスト教婦人矯風会が1986年に東京に設立したシェルター。国籍・在留資格を問わない、女性とその子どものためのシェルターとして長年活動してきた。電話相談もしている。電話 03-3368-8855

女のスペースみずら：90年に神奈川で設立され、おもに90年代にタイの女性などの受け入れをおこなってきた。詳細は、『シェルター・女たちの危機―人身売買からドメスティック・バイオレンスまで〝みずら〟の10年』（かながわ・女のスペース〝みずら〟編、明石書店、2002年）。

女性の家サーラー：92年に横浜市内で設立され、外国人女性のための緊急避難施設を運営。開設当初は人身売買や強制売春の被害者であるタイ人女性が利用者の過半数を占め、最近では日本人の男性と結婚した女性たちが夫やボーイフレンドの暴力から逃れるためにサーラーを訪れる。多言語による電話での相談をしている。電話 045-901-3527

間シェルターでは、国籍を問わずに女性たちを受け入れ支援をしています。また、女性たちの現実に即して、自立していくまでの間の中期滞在型のステップハウスの運営などもおこなわれるようになっています。ただ、多くのシェルターは財政的にきびしい状況にあり、もっと公的な財政支援がなされる必要があります。

日本政府の取り組み

では、日本政府は、人身売買の課題にどう取り組んできたのでしょうか。政府が「人身売買」問題への対策に本格的に動き出したのは近年です。「国際組織犯罪防止条約」に付属する「人身売買禁止議定書」（95ページ参照）を批准する予定*で国内法の改正などの調整をおこない始めたのがきっかけでした。

日本の人身売買への取り組みも世界的な流れと同様に、犯罪防止の視点からおこなわれているといえます。政府は、２００４年4月、関係省庁の担当者で構成される「人身取引対策に関する関係省庁連絡会議」を内閣に設置、12月には、人身売買に対して取るべき行動を明らかにした「人身取引対策行動計画」*

小額の委託費：委託費を国と地方自治体で折半しているため、財政的にきびしい自治体では予算がカットされ、民間シェルターへの委託も格段に少なくなっている。「人身売買禁止ネットワーク」による調査「人身売買被害者支援の連携の構築――地域、国境を越えた支援に向けて」（人身売買禁止ネットワークの活動報告書、07年）によれば、05年度の婦人相談所での人身売買被害者保護数は１２９件なのに対し、06年度は9件と極端に減っている。また、民間支援団体による保護数も05年度が51件なのに対し、06年度は4件に減っている。

批准する予定：２００２年に日本はこの議定書に署名したが、２０１０年10月現在、議定書の批准はされていない。

人身取引対策行動計画：全14ページで「Ⅰ人身取引対策の重要性、Ⅱ人身取引の実態把握の徹底、Ⅲ総合的・包括的な人身取引対策」からなる。内閣官房のウェブサイトから入手可。

を定めました。

それまで「超過滞在*」や「資格外就労*」で入管法に違反した「犯罪者」とみなされ、出身国へ強制送還されていた人びとが、「被害者」として保護の対象と認識されるようになったことも前進でした。また、人身売買を規定して禁止する内容が法律のなかになかったため、05年に刑法を一部改正し、「人身売買罪*」が導入されたことも、大きな前進でした。さらに、フィリピンやタイなど人身売買の主要送り出し国との連携にも、力がいれられたことも前進したことです。

しかし一方で、被害者の保護や支援に関しては、法律がつくられていないため、十分な予算や行政上の措置をとるのが難しい状況にあります。省庁の担当者レベルの努力はなさ

人身取引受け入れ国日本の実態

受入国
（日本）
おまえを買うために金を使ったんだ
逃げたら痛い目にあわすぞ
外に出ることは許さない
家族をひどい目にあわせるぞ
パスポートは預かった
監禁、借金
脅迫、欺罔《ぎもう》
暴行、脅迫
雇い主
性的搾取、強制労働
行くあてがない…逃げたいけど言葉もわからない…
こわくて逃げ出せない
いつのまにか借金があるといわれた…
ここがどこかもわからない…
誰に助けを求めればいいの…

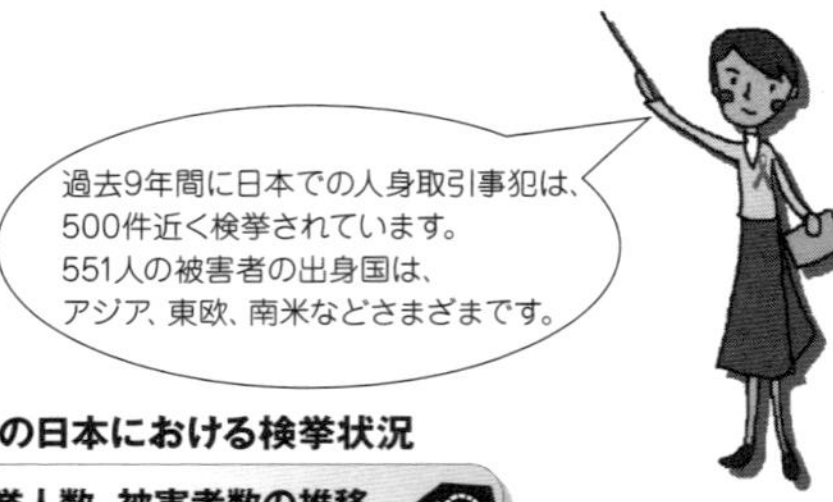
過去9年間に日本での人身取引事犯は、
500件近く検挙されています。
551人の被害者の出身国は、
アジア、東欧、南米などさまざまです。

人身取引事犯の日本における検挙状況

検挙件数、検挙人数、被害者数の推移
（件、人）
140
120
100
80
60
40
20
0
2001 2002 2003 2004 2005 2006 2007 2008 2009(年)
被害者件数
検挙件数
検挙人数
検挙件数（件） 検挙人数（人） 被害者数（人）

被害者の出身国

	2008	2009	2001～2009合計
検挙件数（件）	36	28	495
検挙人数（人）	33	24	426
内ブローカーの人数	7	6	121
被害者数（人）	36	17	551
タイ	18	8	202
フィリピン	7	4	130
中国（台湾）	5	1	47
日本	2	2	5
中国（マカオ）	2		2
中国	1		7
中国（香港）		2	2
バングラデシュ	1		1
インドネシア	-		76
コロンビア	-		58
韓国	-		10
ルーマニア	-		4
ロシア	-		2
カンボジア	-		2
オーストラリア	-		1
エストニア	-		1
ラオス	-		1

出所：警察庁

最近のある事例では、東南アジアの女性数名が、経営者に旅券を取り上げられた上、店外デートや同伴出勤を強いられていました。拒否した場合や思うように業績をあげられない時には、食費を削られたり、経営者らによる性的暴力を受けていました。

国立女性教育会館が啓発用に作成した貸出パネルから

れていますが、法の裏づけがないなかでできることは限られています。本来であれば、人身売買の被害者を保護支援する公的なシェルターが必要ですが、政府の担当部局も予算がないため、「人身取引対策行動計画」では、「婦人相談所においてできるだけ人身取引被害者を保護し」とされました。しかし婦人相談所は厚生労働省の管轄下にあるＤＶ被害者支援センターとして機能していて、それだけで手いっぱいです。

また、人身売買やＤＶ被害を受けている外国人が24時間、母国語で相談できる、多言語のホットラインが必要ですが、それができていないため、潜在的な被害が十分把握できていません。さらに、大きな問題は、被害者の認定が警察と入国管理局によっておこなわれ、その認定基準も明らかでないため、非常に限られた人しか被害者として認められていないことです。

これまで、性売買の人身売買の被害者に注目するあまり、外国人研修・技能実習制度の悪用*など、労働分野の人身売買の被害者や男性の被害者が、被害者として把握されていないということも課題です。

さらに、日本政府の被害者支援が、帰国を前提とした女性に対する婦人相談所での一時保護と、国際移住機関（ＩＯＭ）駐日事務所を通じた帰国支援に

超過滞在：入国する際には空港または港で上陸許可を受け、在留資格を有していたが、定められた在留期限満了後も出国せずに在留していること。

資格外就労：現在27の在留資格があるが、取得している在留資格以外の就労をおこなうこと。

人身売買罪：刑法第２２６条「人身売買罪」。人を買い受けた者を3ヵ月以上5年以下、未成年を買い受けた者を3ヵ月以上7年以下、営利、わいせつ、結婚、身体および生命への加害の目的で買い受けた者を1年以上10年以下の懲役とし、人を売り渡した者も同様とする。また、所在国外移送目的の売買あるいは移送は2年以上の懲役。

外国人研修・技能実習制度の悪用：日本政府も問題があることを認め、来日2年目以降の実習生にしか適用されなかった労働基準法や最低賃金法などの労働関係法令が、1年目から適用されるようになった。しかし、１０６ページの中国人女性のケースでもわかるように、実習生でも、実際には実効的な保護はできないため、外国人研修生・技能実習生に関する法の整備が急がれる。

かぎられていることも大きな課題です。被害者が安心して進んで捜査に協力できるような環境が整えられていないため、加害者の訴追も非常にきびしい状況です。実際、07年度の「人身売買罪」の適用件数は警察庁発表で、5件にすぎませんでした。

政府はNGOの声も聞きながら、それまでの課題も踏まえ、09年12月には、行動計画の改定*をおこないました。下段にあるような検討課題が行動計画に盛り込まれたことは評価すべきことです。行動計画改定の1年、2年、3年後と、それらが「検討」から「実施」に向かうことが、まさにこれからの課題といえるでしょう。

「人身売買禁止ネットワーク（JNATIP）」の活動

シェルター関係者を含め、被害者支援と問題の啓発にたずさわるNGO・弁護士・研究者などは、80年代からそれぞれの立場で活動をおこなっていましたが、根本的な問題解決には、人身売買の禁止と被害者の保護支援をセットにした包括的な法律の制定が不可欠という合意から、03年に「人身売買禁止ネッ

行動計画の改定：各種窓口における被害者認知のための関係機関の連携、多言語ホットラインの運用の検討、法的援助に関する周知、滞在が中長期化する被害者に対する就労支援を含めた保護施策の検討、男性被害者らの保護施策に関する検討など。人身取引対策行動計画２００９の全文は内閣官房のウェブサイトより入手可。

人身売買禁止ネットワーク（JNATIP）：人身売買、女性に対する暴力、在日外国人の人権侵害などの問題に取り組んできた全国のNGOや研究者・法律家が連帯したネットワーク。詳細はhttp://jnatip.jp/を参照。
e-mail：info@jnatip.jp

人身売買被害者保護支援法の制定：要請内容は、被害者の保護支援、被害者の法的地位、帰国、情報交換、法執行機関等の職員に対する教育訓練、被害防止、国および都道府県の基本計画策定、NGOなどとの協力などに関する施策の実効性を可能にすること。

トワーク＊（JNATIP）」を設立しました。

人身売買禁止ネットワークでは、①人身売買の被害者保護支援の実態を調査し、②国際的な人身売買撤廃にむけての取り組みと連携をしつつ、③人身売買の予防につながる意識啓発の活動に努め、④人身売買された女性たちの現状を政党や議員に訴え、政府の「人身取引対策省庁連絡会議」と交渉の場を持ち、人身売買被害者保護支援法制定＊の必要性を訴えてきました。

下の図は、現在の日本の被害者支援の現状ですが、人身売買禁止ネットワークは、点線部分の取り組みを加えるように政府に提言しています。

政府とのある交渉で、人身売買禁止ネットワークとして「人身取引対策省庁連絡会議」に、被害者保護や支援に必要な予算を確保することを要望したところ、厚生労働省の職員から、「国民でない人のためにお金を使うことを国民に理解してもらうことの難しさ」が強調されたことがありました。

人身売買被害者支援の現状と必要な支援

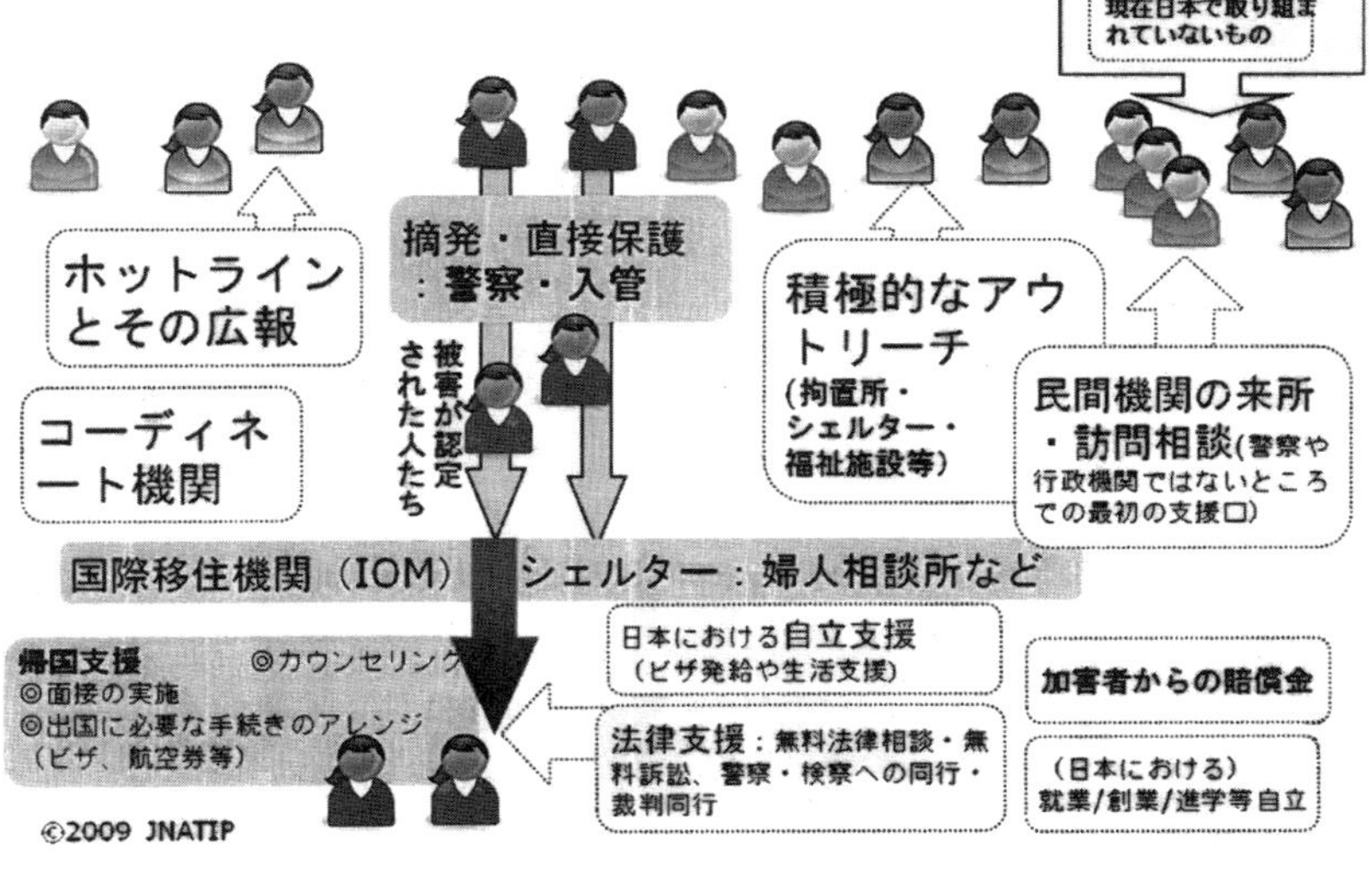
現状の日本の体制
現在日本で取り組まれていないもの
ホットラインとその広報
コーディネート機関
摘発・直接保護：警察・入管
被害が認定された人たち
積極的なアウトリーチ（拘置所・シェルター・福祉施設等）
民間機関の来所・訪問相談（警察や行政機関ではないところでの最初の支援口）
国際移住機関（IOM）
シェルター：婦人相談所など
帰国支援
◎カウンセリング
◎面接の実施
◎出国に必要な手続きのアレンジ（ビザ、航空券等）
日本における自立支援（ビザ発給や生活支援）
加害者からの賠償金
法律支援：無料法律相談・無料訴訟、警察・検察への同行・裁判同行
（日本における）就業／創業／進学等自立
©2009 JNATIP

国民でなくても、国は自国の領土内にいるすべての人の人権を守らねばならないのが、日本も批准・加入している国際人権条約の基本です。被害者の保護支援は温情をこえて国の責務であるという意識の改革が重要だと感じました。

また、人身売買禁止ネットワークのモニタリングチームは、「人身取引対策行動計画」作成以降の被害者支援の現状と課題を明らかにするため、被害者支援に関わる組織や人びとに調査をおこないました。

この調査の結果*から、被害者の認定の基準が公開されておらず、人身売買の被害者が非常に狭くとらえられ解釈されていると考えられます。また、人身売買被害者の保護・支援に関わっている警察や入国管理局、婦人相談所だけでなく、民間シェルター、大使館、医療機関、カウンセラー、福祉事務所、児童福祉施設、弁護士会など、多くの民間の機関との連帯・協力が不十分であることが明らかになりました。

官民の連携を深めていくためにも、被害者の保護と支援に関わるすべての関係主体がそれぞれの取り組みの情報交換と連携を深めるためのコーディネート機関を政府が中心となりつくることを、人身売買禁止ネットワークとしても政府に強く求めています。

調査の結果：結果の詳細は『人身売買被害者支援の連携の構築〜地域・国境を超えた支援に向けて』調査報告書（JNATIP、2007年）参照。同年2月には、調査に協力した婦人相談所と民間支援団体を対象に、「ネットワーク構築会議」をおこない、5月には調査報告書が発行された。

人身売買暴力被害者保護法：米国の人身売買に関する全ての取り組み、予算の根拠法。2003、05、09年に同法の再承認法（日本でいう法改正）がおこなわれている。州法制定も推奨され、合衆国法である同法と州法で重層的にカバーされている。

米国の取り組みから学ぶ被害者保護支援

日本が抱える課題を解決していくのに、イギリスやベルギー、韓国の取り組みも参考になりますが、訪問調査*をおこなったアメリカの取り組みを紹介したいと思います。アメリカは移民国家だから、もともと移住や人身売買への取り組みも進んでいたのではと思っていましたが、人身売買に関する取り組みについて飛躍的に進展したのは、２０００年に人身売買暴力被害者保護法*を立法してからでした。

この法律を支える基本的な考え方は、「被害者救済保護支援は、犯人起訴の必須条件」という認識です。まず被害者が心身ともに安心・安定できる環境をつくらなければ、進んで捜査に協力できるようにはならないということです。この考え方が、民間だけでなくインタビューをした政府各省の関係者に広く認識されていました。そして、被害者の意志を尊重した保護支援に予算も人も投入されています。

たとえば、人身売買の被害者であることが認められると、一時的な住居、

訪問調査：２００８年９月に３週間、全米各地の官民の担当者、専門家、活動家にインタビュー。

見た目だけでは人身売買の被害者を見つけることはできないことから、「水面下を見よ」とのタイトルがついている啓発用ビデオ（保健福祉省製作）

法的支援、教育機会、精神衛生カウンセリング、里子支援制度などの支援を保険福祉省から受けることができます。さらに正式に人身売買の被害者と認定される前も、個々の必要に応じて一時的な支援プログラムが用意されています。そしてこれらすべての保護支援活動は民間のＮＧＯが政府の予算で実施しています。

　またこの法律によって、政府は予算や政府の取り組み・責任体制、実施状況の年次報告書の作成・評価など一貫した取り組みをおこなうことが義務づけられています。年次報告書には政策の具体的な改善提案も示され、それが次の年の取り組みにいかされています。政策の根拠となる法律をつくることは、具体的な取り組みの推進に欠かせないことがわかりました。

　また官民の連携という課題については、国が主体となって、情報共有や連携強化の仕組みづくりを後押ししている点がすぐれています。司法省の司法支援局と犯罪被害者室が、被害者支援に関与するさまざまな立場の人のネットワークをタスクフォース*として認め、助成金を出し、各地の課題にあった取り組みを後押ししています。そのため、全米には40を超える官民共同の被害者支援ネットワーク（タスクフォース）ができて活発な取り組みがなされています。

タスクフォース：任務を明確にしたチーム。米国でも州や市の財源を確保できるところは少なく、２００３年にはじまった司法省の「被害者を中心とするタスクフォース」の助成金が、各地のタスクフォースの結成に拍車をかけた。毎年、全国のタスクフォースの代表が集う全国人身売買会議がおこなわれ、実際のケースを紹介し、タスクフォースでどう工夫をしながら連携を強化しているかということや、法の活用に関する情報共有も蓄積している。

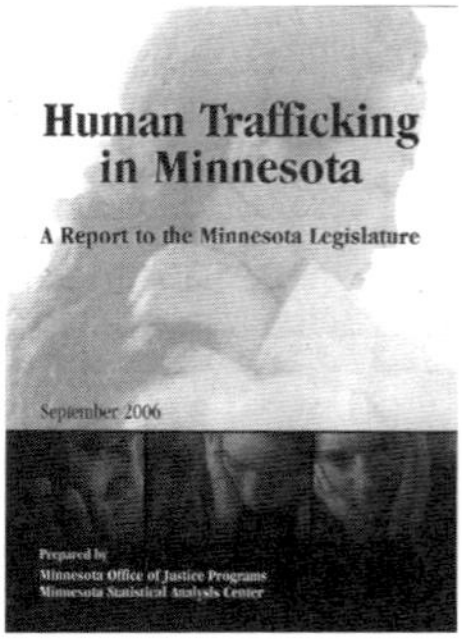

『ミネソタ人身売買調査報告書２００６』のカバー。全米の中でも取り組みが進んでいるといわれるミネソタ州では、州法で人身売買の実態調査の実施とそれに基づく対策を打ち出すことが定められている。

国連の専門家が日本を公式に訪問調査し勧告

世界では日本の人身売買の問題が注目されていることを証明するかのように、２００９年７月、国連で「人身売買（とくに女性と子ども）に関する特別報告者」を務めるナイジェリア出身のジョイ・ヌゴシ・エゼイロさんが、日本における人身売買の状況を調査するため、日本を公式訪問*しました。

その結果は日本公式訪問報告書*（エゼイロ報告）としてまとめられ、２０１０年６月にジュネーブでおこなわれた国連人権理事会で発表されました。

エゼイロ報告では、日本政府の取り組みを評価しながらも、政府が早急に取り組むべき課題を21項目にわたって勧告*しています。それらの勧告の項目は、次ページの通りです。

エゼイロ報告で一貫して強調されているのは、人身売買被害者の保護をするばあいや人身売買と闘っていくばあいに、人権を大切な基盤とした取り組みをすることです。そのために、国連人権高等弁務官事務所が作成した「人権および人身売買に関して奨励される原則および指針」（97ページに掲載）を参照する

日本公式訪問：7月11日から18日の間に、東京や愛知などで政府・地方当局、被害当事者やNGOから情報提供をうけ、日本における人身売買の状況に関する調査をおこなった。

エゼイロ特別報告者と人権担当官（手前）

人身売買に関する日本公式訪問報告書：原文（英語）と日本語全訳19ページは、ＩＭＡＤＲのウェブサイト www.imadr.org から入手可能。

国連の人身売買に関するエゼイロ特別報告書による日本公式訪問報告書の勧告の項目

2010年6月

1 人身売買禁止議定書など関係国際条約の批准	12 財政資源をもたない人身売買被害者への無料法律支援の保障
2 人身売買の明確な定義と法執行官による理解の促進	13 男性・少年の人身売買を行動計画や法に含めること
3 人身売買罪の刑罰の強化（特に最短期間の引き上げ）	14 女性・少女の人身売買に関する査察や調査の継続
4 包括的な支援を提供する人身売買被害者保護法の制定	15 被害者の補償のための基金の設置、補償を得る権利の完全実施の保障
5 児童ポルノ・児童買春の根絶。児童ポルノの単純保持の犯罪化（法改正）	16 防止・意識喚起の強化、潜在的被害者・加害者への教育
6 外国人研修・技能実習制度の監視強化・労働調査の強化、権利保護のための法制	17 在留許可認定の系統的な適用。厚労省による社会復帰プログラムの実施。
7 「人権および人身売買に関する原則と指針」の参照	18 DV撤廃の取り組み強化、ホットライン対応、DVの自動的訴追への法改正
8 人身売買撲滅の政策・措置・調整・監視に専念する調整機関、または事務所の設置。	19 法執行官への人身売買被害者認定・保護・司法救済等、専門的義務的研修の実施
9 被害者の明確な認定手順の決定、関係者間の共有、法執行官への専門的な研修の実施。	20 被害者支援NGOへの支援（至急）、国内行動計画の実施・監視・評価へのNGOの関与
10 人身売買被害者専用の地域的で専門的なシェルターの設置	21 送出国との2国間協定の採択（主要出発場所の特定と防止プログラムの実施、出国前の強制的な前払い等の禁止）
11 研修を受けたスタッフによる24時間多言語ホットラインの設置と明確な委託メカニズムの設立。	

よう促しています。

勧告のなかで、特別報告者は人身売買の、より明確な定義を採択し、被害者認定のための明確な基準と指針を採択するよう国に促しています。これまできちんと認定されてこなかった外国人研修・技能実習制度に関しても法整備や労働調査の強化が勧告され、男性の被害者に対する施策も進めるよう勧告しています。新たに人身売買被害者保護に関する包括的な法律および政策の枠組みを採択すべきであり、より良い救済・支援・社会復帰・統合を被害者がどこにいるかに関係なく提供すべきだとしています。また裁判官や検察、弁護士や入管職員などに向けた被害者認定に関する研修を緊急におこなうべきとしました。そして、国際諸機関、市民社会、そのほかの関係する利害関係者との協力のもと、人身売買との闘いに関する政策と行動の促進、調整そして監視に専念する常設の調整機関の設置が勧告されました。

それらの点をエゼイロさんが人権理事会の発表の際に強調して述べた後、日本政府はその場で、積極的に取り組んでいくことを約束しました。ホットラインの設置やコーディネート機関の設置など、まずは政府自らが検討を約束したことが早急に「実施」されていくように、ＮＧＯとしてもできる限り力を尽くしていきたいと思います。「人身売買被害者保護支援法」の制定など、1つひとつの勧告の実現は容易ではありませんが、多くの人びとがこの課題に関心をもつことによって、事態の改善にむけた新しい潮流が作られていくことを願ってやみません。

これから取り組みが必要な分野

ここまで見てきた課題のほかに、懸念があるのに現実が十分把握されず、対策もたてられていない3つの問題があります。特別報告者が来日した際にも情報提供できなかったため、勧告にも含まれていません。

第1に、日本で生まれて海外に養子縁組される国際養子縁組の問題です。日本には国際養子縁組法はなく、ハーグ条約「国際養子縁組に関する子の保護及び国際協力に関する条約」（1993年）に署名もしていません。欧米の養親希望者たちは日本から養子を迎える理由として、法規制がないことをあげています。また、問題なのは養親候補者に養子を斡旋するときに、多額の金銭を請求する斡旋業者がいることです。日本が批准している子どもの権利条約*の

子どもの権利条約：第21条dには「国際的な養子縁組において当該養子縁組が関係者に不当な金銭上の利得をもたらすことがないことを確保するための適当な措置をとる」とある。

観点からも、実態調査をおこない、斡旋料が不当でないかどうかの判断基準や不当なばあいの罰則規定などの法整備をおこなう必要があります。

　第2に、実態がなかなかわからない問題として、臓器売買を目的とする人身売買があります。世界保健機関（ＷＨＯ）は、２０１０年5月に渡航移植の自粛を求める新指針を制定しました。日本もこの問題と無縁とはいえないでしょう。09年の7月に日本で改正臓器移植法*が成立したことによって、それまで禁止されていた15歳未満からの臓器提供が、家族の同意があれば可能となりました。それが今後どのように影響するのか、臓器売買を目的とする人身売買を防ぐにはどうしたらいいのか、議論と具体的な予防策が必要です。

　第3に、日本では認識も取り組みも甘いのが、男児や男性の人身売買です。人身売買の報告の割合が女性や女児に集中している背景には、それ以外の人身売買に関する実態の情報が不十分だからという課題があります。また、社会一般だけでなくＮＧＯと政府双方に、十分、意識化されていない部分も理由にあげることができます。

　05年に世界社会フォーラムに参加するためにブラジルのポルトアレグレを訪れ、人身売買の問題に取り組んでいる研究者に会ったとき、リオデジャネイ

改正臓器移植法：死亡した者が臓器移植の意思を生前に書面で表示していて、遺族が拒まないばあいに限り、「脳死した者の身体」を「死体」に含むとして、その臓器を摘出できると規定する。

ロから日本に性的搾取を目的として20歳前後の男性が人身売買されていることが問題になっていると聞きました。日本に入国しやすい日系ブラジル人ではないのですが、現地の言葉で彼らに対する呼び名までついていて一定の現象となっているようでした。日本に戻り移住者関連の活動をしている人びとに聞いてみましたが、心あたりがないということでした。私たちの見えていないところ、手が届いていないところで、さまざまな形態の人身売買がおこなわれていることを自覚する必要があると思います。

第9章
私たちにできること

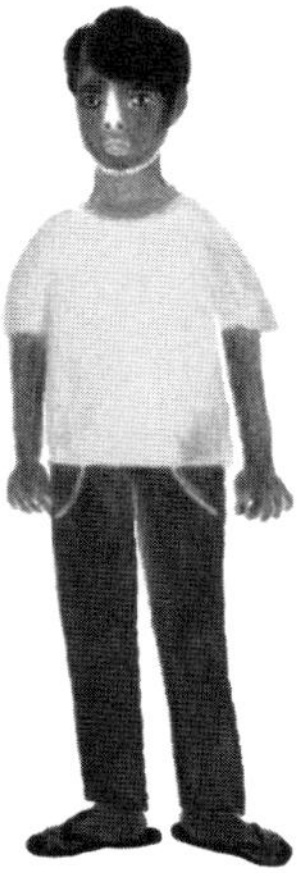

「知る」ことで「意識を変える」

タイから日本への人身売買の問題に長く取り組んできた齋藤百合子さんは、人身売買撤廃のアプローチが簡単でない理由の1つに、「人身売買の被害者に対する私たちの視点が、いろいろな思い込み、偏見、差別、無知と無理解などで曇らされている」ことをあげています。そして「まったくの無力で人の助けや保護がないと立ち上がれないほどの打ちひしがれた被害者像を求めがち」なことを指摘されています。

結果として、非常にかぎられた女性だけが人身売買の被害者として扱われ、そこにあてはまらなければ、稼ぎにきた非合法外国人労働者としてつかまり、強制送還されることになります。しかし現実には、よりよい将来の生活のために何とかしようとする思いを逆手に取られて搾取され、被害に遭うその間にあるグレーゾーンに、多くの人や女性たちが生きています。

かつて人身売買をされ来日し、現在は日本に定住しているフィリピンの女性が、「人身売買され架空の借金を背負わされていた時のつらさもさることながら、その後、日本の人びとから受けてきた差別的なまなざしや実際の差別がもっとつらかった」と語っていました。

誰にでも、そして今でもできることは、彼女や彼らの現実を知り、外国人は問題をもってきてやっかいものという「つくられた意識」や「まなざし」を変えることだと思います。

話し・伝え・考える

次に私たちにできることは、知ったことを広げることです。まわりの家族や友人・知人・同僚に話したり、メールやブログ、ツイッターなどで感じたことを発信してみてはどうでしょうか。こうした1つひとつの行動が重なって、変化の波は確実に広まり、社会を変えていくことにつながると思います。自分の言葉で語ることが難しいばあいは、それを物語っているものを人に知らせることもできるでしょう。ここでは、下段にインターネットを通じて無料で視聴できる映像作品の一部を紹介します。

無料で視聴できる映像作品の例

・MTVによるMTV／EXITキャンペーンサイト、100ページ参照

・「子どもの権利を買わないで――プンとミーチャのものがたり」（15分のアニメーション）
日本ユニセフ協会のウェブサイト http://www.unicef.or.jp/ で視聴可。

・「トラフィッキング――闇の人身取引ビジネス」（27分）
日本における性的搾取を目的とする人身売買の実態に迫るドキュメンタリー。警察庁監修の作品。財団法人社会安全研究財団のウェブサイト http://www.syaanken.or.jp/ でダイジェスト版が視聴できる。

有料の作品例

・「夢のゆくえ――取引される少女たち」（45分）
国際移住機関（IOM）バンコク事務所が東南アジアの若者むけに制作した人身売買に関するアニメーション作品。IOM東京事務所で販売。

・「闇の子供たち」（2時間18分）。タイを舞台に人身売買、幼児売買春の現実を描いた作品。

ワークショップやパネル展示、講演会など、何かやってみる

さらに、前述の映像などを見た後に、学校や地域、何かのグループや友人同士で「人身売買をなくすために、わたしたちは何ができるのか」を考えてみる次のような簡単なワークショップをやってみることもできるでしょう。次のページをそのままコピーして参加者に配るだけで使えます。

まず①を参加者に配ります。そして、進行する人が②を1つずつ読みながら進めていきます。「わたしたちに何ができるのか」を一度考え、さらに人と話し、違う意見を聞くことで考えるきっかけとなり、理解が深まります。

また、国立女性教育会館では、『「人身取引」と「女性に対する暴力」をなくすために』という展示パネル*（11枚）を無料で貸し出しています。

学校や地域の男女共同参画センターなどで何かの折に開催してみるのもいいでしょう。

人身売買をなくすための活動をしている人を招いて講演会などを聞くばあいは、地域で活動している人がいないか地元の男女共同参画センターに問い合

展示パネル：国立女性教育会館のウェブサイト http://www.nwec.jp にあるパネルの「貸出要領」を読み、「貸出申請書」を研究国際室までメールまたはファックスにて送付。送料は申込者が負担。
ウェブサイトには、人身取引に関するポータブルサイトもある。
連絡先：研究国際室
電話：0493-62-6479
FAX：0493-62-9034
e-mail：rese@nwec.jp

①

● 人身売買をなくすために、わたしたちは何ができるのか ●

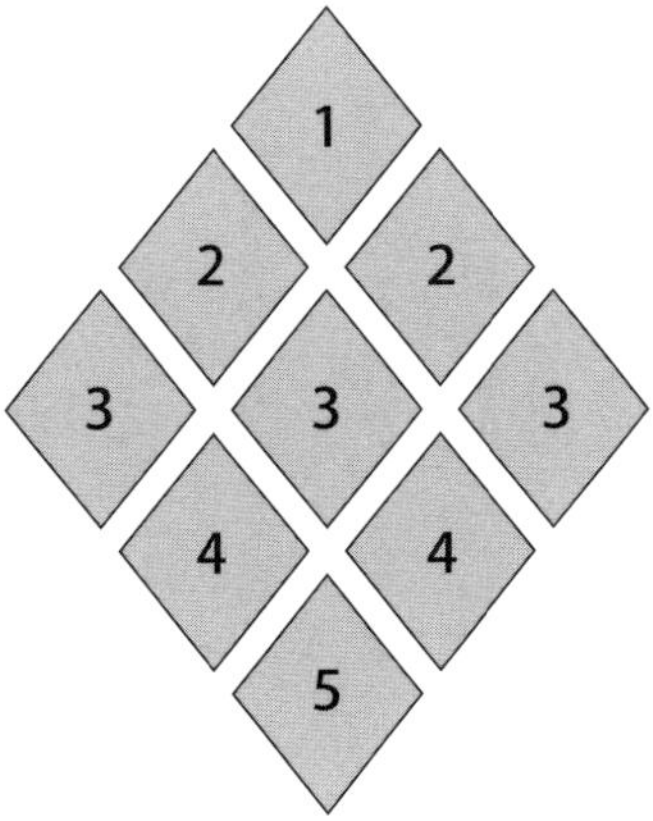

A　人身売買についてもっと知る
B　買春反対を訴える
C　政府に働きかける
D　人身売買禁止法を制定する
E　国連に働きかける
F　NGO に協力する
G　NGO で働く
H　知り得たことを友人らまわりの人と共有する
I　その他（　　　　　　　　　）

②

● 話し合ってみましょう ●

・人身売買をなくすために、あなたは A から I の項目の中で、どれが重要な行動だと思いますか？　もっとも重要だと思うものからランキングしてみましょう。
・あなたの考えをグループのメンバーそれぞれが考えたランクの違いやその理由を話し合ってみましょう。
・話し合いの結果、グループでもう一度ランキングしてみましょう。
・グループごとに発表してみましょう。
・そして、具体的な行動をしてみましょう。

作成　齋藤百合子

わせてみるといいかもしれません。また、人身売買禁止ネットワーク（１２４ページ参照）のウェブサイトには加盟団体などのリンクが張ってありますので、関心のある団体に講師の派遣依頼をしてみたり、講師を招いて参加型のワークショップをしてみるのもいいでしょう。

ＮＧＯの活動を知り、参加し・支援する

世界には人身売買の問題に関してさまざまな活動をしているＮＧＯやシェルター、自助組織などがあります。そのなかには、人身売買をされた人や売買春をしていたサバイバー*たちが作った団体*もあります。

タイ、チェンマイ県には、日本への移住労働の中で搾取されていた女性たちが帰国後に、生活再建や互いのピアカウンセリング*や職業支援などを通してお互いにエンパワーメントしあう当事者の自助団体「タイ日移住女性ネットワーク」があります。また、日本や欧米など各国の移住労働（なかには人身売買被害者も含む）からの帰国女性の生活再建を、女性たちの地元であるパヤオ県で支援するパヤオＹＭＣＡなどがサバイバー支援をしています。

サバイバー：人身売買の被害者という立場から、生き残った人という意味でサバイバー（survivor）と呼び、人間の尊厳を否定されるような精神的な屈辱、待遇、暴力、苦しみなど厳しい経験を乗り越えた人びと、過去を肯定的に受け入れようとする心身ともに強い人たちという意味を含む。

団体：たとえば米国では、サンフランシスコにあるグローバルな搾取に立ち向かう（ＳＡＧＥ）プロジェクトや、ミネアポリスにあるブレーキングフリー（Breaking Free）など。

ピアカウンセリング：「ピア」とは「仲間」の意。何らかの共通点（同じような環境や悩み、経験）をもつ個人やグループ間で、対等な立場で分かち合いや助言を通じておこなう相談。

ボーンフリーアートスクールインタナショナル：日本では、ボーンフリーフレンズ東京・ボーンフリーフレンズ京都が支援をおこなっている。http://www.bornfreeart.org

子どもたちが主体となって活動している団体もあります。インドのバンガロール市にある「ボーンフリーアートスクールインタナショナル」＊では、働く子どもや人身売買された子どもたちが、読み書き算数以外に、彫刻、絵画、演劇、音楽、ダンス、写真、映像製作に参加することで、互いに励ましあいながらそれぞれの過去に向き合い、厳しい経験を乗り越え、芸術家になることを目指して活動しています。

そして、インドのデリーには、人身売買された子を含む働く子どもを保護し、経済的な自立を支援する団体「バタフライズ」があり、子どもたちを主体にした自立を促すため、「子ども開発銀行プロジェクト」＊をおこなっています。

そのほか、人身売買に関して国際的に活動しているＮＧＯはたくさんありますが、ほとんどの活動や情報が英語で提供されているので、ここでは、日本に拠点をもって活動し、日本語のウェブサイトで情報発信をして、活動への参加や支援など、「私にできること」を提供しているいくつかの団体と活動内容を簡単に紹介します。

団体が発信する情報を受け取る（メールニュース、メールマガジンなど）、関心のあるイベントに参加する、会員になる、自分にできることで関わる、ボ

ボーンフリーアートスクールのバラ園で働く少年を撮った生徒の作品。©ボーンフリーアートスクール

子ども開発銀行：バタフライズの『子ども開発銀行』プロジェクトでは、現役で働く子どもたちのなかから選ばれた子どもマネジャーが、大人のスタッフから訓練を受け、銀行のお金を管理する役割を担っている。この銀行では、10歳から18歳の働く子どもが口座を開くことができ、子どもたちはその日稼いだお金を預けたり、必要なお金を引き出すことができる一方、貯めたお金には利息がつく。デリー市内の利用者数は3万人。子ども銀行はその画期的な手法が注目され、インド国内のほかに、バングラデシュ、ネパールなどでも運営されている。(http://www.butterflieschildrights.org)

ランティアする、販売物を買って活動を支援する、活動支援の寄付をする、など「できること」はたくさんあります。

1　人身売買禁止ネットワーク（JNATIP）（124ページ参照）

2　アジア女性自立プロジェクト（AWEP）
神戸を拠点として、アジア女性のエンパワメントのために、女性たちの仕事づくりに協力し、フェアトレードを実施。さまざまなボランティア（協力会員）を募集中。http://www.tcc117.org/awep/

3　アジア女性センター
福岡で6カ国語によるホットラインなどの相談・サポート事業のほか、海外支援・交流事業を実施。パソコン教室開催のため、ノートパソコンの寄附を受け付け中。また、日本語講師ボランティアスタッフや託児ボランティアも募集中。http://www1.plala.or.jp/AWCenter/

4　エクパット／ストップ子ども買春の会
子ども買春・子どもポルノ・性目的の人身売買に反対し活動するNGO。http://www.ecpatstop.org/index.htm

1日の稼ぎを貯金する子どもの様子。提供：成田由香子

「子ども開発銀行」の銀行通帳。中を開けると、子どもの職業、年齢などが記入されている。提供：成田由香子

5　エクパット・ジャパン・関西
http://homepage3.nifty.com/ecpat/

6　国際子ども権利センター（シーライツ）
カンボジアの児童労働と子どもの性的搾取、人身売買を防止するため、学校を拠点とした防止ネットワークづくりと被害にあいそうな生徒のいる家庭の収入向上プログラムを、現地のＮＧＯと協力して支援。ボランティア募集中。
http://www.c-rights.org

7　ＪＦＣネットワーク（１１４ページ参照）

8　女性エンパワーメントセンター福岡
相談・支援事業、移住女性の支援のほか、フェアートレードを実施。相談ボランティアも募集中。http://www.geocities.jp/empower_f/

9　女性の家サーラー（１２０ページ参照）

10　女性の家ＨＥＬＰ（１２０ページ参照）

11　てのひら―人身売買に立ち向かう会
人身売買の防止、意識啓発などに取り組むＮＧＯ。ウェブサイトでさ

カンボジアでの学校を拠点とした防止ネットワークの活動の様子。地域内の14の小中高に、それぞれ10名程度からなる3チームを結成し活動している。©国際子ども権利センター

まざまなボランティア募集中。http://blogs.yahoo.co.jp/tenohira_is_for_children

12 反差別国際運動（ＩＭＡＤＲ）・同日本委員会（ＩＭＡＤＲＪＣ）
　ジェンダーと人種主義の側面から問題に取り組む。国連の制度や基準を活用して現状を改善していくための取り組みを実施。ウェブサイトに関連書籍（日英）や資料を多数掲載。
　http://www.imadr.org/japan/trafficking/japan/

13 ポラリスプロジェクト
　人身売買と女性や子どもの性を利用した犯罪を失くすための活動実施。ニュース、啓発ブック、ポスター、参加型の啓発ワークショップなどあり。各種ボランティア・フェロー募集中。http://www.polarisproject.jp/

「働きかける」——行動によって世界は変えられる

日本では、国会議員や地方議員などの政治家が人びとを代表して法律や社会のしくみを決めることになっていますが、人身売買の被害者の大多数が日本国籍をもった「国民」ではないために選挙権を持たず、議員や政府の対応が二の次三の次になってしまいがちです。人びとがこの問題に関心を持ち、被害者保護・支援の必要性を議員や行政府に求めていけば、被害者保護・支援法をつくることも可能となります。

みなさんから議員、各政党や行政府へ働きかけることは、想像以上に現実を動かす大きな力となります。たとえば、反差別国際運動のウェブサイトには、手紙のサンプル（見本）が掲載されています。そのような手紙を自分たちが住んでいる地域から選ばれている国会議員に送ったり、日本政府に送ることは、人びとの力で政策を変えていく大きな一歩です。

一度行動をおこしてみると、次に何かを思い立ったときも行動に移しやすくなるものです。声を発していくことは、他の人権問題や環境問題など、私たちの社会が抱える他の課題にも十分応用できます。声を発し、行動を起こすことによって、「自分の力で社会は変えられない」という感覚や無力感は、無意識にも打ち破られます。

１９７７年にアフリカでグリーンベルトムーブメントを設立して、貧しい農村の女性たちと植林運動を開始し、30年で３０００万本の植樹をしたノーベル平和賞受賞者であるワンガリ・マータイさんは、自分にできることをやり続ける行動の大切さを強調しています。「木を植えて何になる」とばかにされたり、いやがらせや投獄という迫害を受けながらも、マータイさんは女性たちと「行動」していたからこそ「変えられる」という希望を持ち続けることができたのだと思います。彼女は、共に植林運動に携わった無名の尊き女性たちを「学位なき森林官」と讃えています。「彼女たちは、靴をはいている人より、教育を受けている人よりも勇敢に、子どもたちの未来のために熱心に自分にできることをやり続けた」とマータイさんは語りました。

その団結と地道な行動が、アフリカの砂漠化を防ぐのみならず、世界の人びとの意識をどれほど環境保護へといざない、意思を持った人びとの手によって世界は変えられると希望をもたせてくれたことでしょう。

人身売買撤廃への取り組みは、植林のように目には見えない分、問題を見えるかたちにしてどう運動を広げていくかが課題となります。「学位なき森林官」のように、生命の砂漠化を防止する運動を、心ある人びとと共に希望をもって続けていければと思います。

あとがきにかえて

人身売買はとても複雑な現象で、「これが人身売買」と特定することが最近ではますます難しくなっています。

ただ、人身売買の被害にあった人たちにくわしく話を聞いてみてわかったことは、人身売買された人たちは、じつは日本で暮らしている私たちとたいして変わらない、「ふつうの人たち」ということです。

私たちがよりハッピーで満足した暮らしをしたいと願い、転職をしたり、新しい知識や経験を身につけるために留学やワーキングホリデーに行くように、彼女・彼たちもより快適で安全な暮らしをしたいという願いをかなえる手段として「外国に働きに行く」ことを決心しています。

外国で働くということは誰にとっても心細いものです。自分の国であたりまえに与えられている権利や国のサービスが、海外では「外国人」という立場のため、制限されたり、まったく受けられないこともあります。こういった不便な状況のなか、重要な役割をするのが国籍です。その人がどこの国のパスポートをもっているかによって、受けられるビザの条件や期間、またトラブルに巻き込まれた際、住んでいる外国の政府の待遇が大きく左右されるからです。

たとえば、豊かで国際的にも信用の高い日本のパスポートは海外で多大な威力を発揮します。わたしたちがあたりまえと思っている、ビザなしで多くの国をおとずれることができる恩恵も、じつは限られた国籍の人たちにだけに許された特権なのです。これに対して、自分の出身の政府が国際レベルで経済・政治的に優位な立場にないばあい、その国の人たちにとって外国に働きに行くという行為は、たくさんのハードルを乗り越えなくてはいけないことを意味します。日本のように政府が国民のためにお膳立てしてくれているわけではないので、行きたい外国に入国するため必要なビザ申請のため、膨大な書類とお金を用意しなくてはなりません。

かりに、条件をすべて満たしたとしても、審査はきびしく、理由不明でビザを拒否されることも、珍しくありません。渡航先の外国でも、ついている職業や貧しい国の出身だからといった理由で差別されたり、人身売買のようなトラブルに巻き込まれても自分の国の大使館が必ずしも手助けしてくれるわけでもありません。

しかし、人は生まれてくる国を選ぶことはできません。リスクをわかっていてもあえて外国に働きに行くことを決断させるさまざまな事情を知り、理解しようとする姿勢がなぜこれほど大切なのかは、この点にあるのです。

日本に輸出されるシーフードを水揚げしているタイ南部の港町で出会ったあるビルマ人の少年（10歳）は、不法滞在者としてスラムに住んでいました。同じ年齢の男の子なら皆そう夢みるように、彼は、一日も早くお父さんやお兄さんと同じ漁師になって、一人前の男になりたいと思っていました。そこで、ある日友達と相談して、漁船にのせてくれるよう知り合いの船長に頼みこみました。しかし、期待とは裏腹に次の3カ月の間その船で彼たちを待ち受けていたのは奴隷同然の生活でした。「漁から帰ってきたときはもう二度と船にはのらないと誓ったよ。お金は稼げたけど、生きて帰ってこれないんじゃないかとほんとうに毎日怖かった。お父さんと同じ漁師になるのが息子のぼくの義務だけど、もしかなうなら本当はバイクの修理をする人になりたいんだ」

遠いどこかの貧しい国で起きていると思われがちな人身売買は、そんな事柄とは無関係に存在するようにみえるわたしたちの生活と複雑にからみあっています。そして、わたしたちの身近なところでも起きています。そして、その「つながり」をみつけることができるかどうかは、じつはあなたの「想像力」しだいなのです。

小島　優

【参考になる本】

『赤ちゃんの値段』高倉正樹、講談社、２００６年

『アジアから来た花嫁』宿谷京子、明石書店、１９８８年

『移住女性が切り拓くエンパワメントの道――ＤＶをうけたフィリピン女性が語る』日本語と英語の合本、カラカサン・ＩＭＡＤＲ‐ＪＣ、解放出版社、２００６年

『幼い娼婦だった私へ』ソマリー・マム、文藝春秋、２００６年

『外国人研修生　時給３００円の労働者１・２』外国人研修生権利ネットワーク、明石書店、２００６年・２００９年

『からゆきさん』森崎和江、朝日文庫、１９８０年

『カンボジアにおける子どもの人身売買と性的搾取への取り組み――子どもの権利ベースアプローチとエンパワーメント』甲斐田万智子、平野将人　国際子ども権利センター、２００６年

『講座　人身売買――さまざまな実態と解決への道筋』ＩＭＡＤＲ‐ＪＣ、解放出版社、２００７年

『子どもの人身売買』アムネスティインターナショナル日本編、リブリオ出版、２００８年

『少女売買――インドに売られたネパールの少女たち』長谷川まり子、光文社、２００７年

『少女買春をなくしたい――タイ北部ＮＧＯの「小さな」挑戦』稲垣三千穂、青木書店、１９９６年

『わたし8歳、カカオ畑で働きつづけて。』ＡＣＥ、合同出版、２００７年

Ehrenreich, B. and A. Hochschild (eds) *Global Woman-Nannies, Maids and Sex Workers in the New Economy*. London：Granta Publications. 2002.

Mccormick, Patricia *Sold*, Hyperion Book CH, 2006.

Pierson, Elaine. *Human Traffic Human Rights: Redefining Victim Protection*. Anti-slavery International. 2002.

反差別国際運動（IMADR）／反差別国際運動日本委員会（IMADR-JC）に参加しませんか？

世界には、先住民族や少数民族、移住者、出自によって差別されている人など、差別され社会から排除されてきた人びとが、たくさんいます。

❁ IMADRとは

反差別国際運動（IMADR）は、世界からあらゆる差別と人種主義の撤廃をめざしている、国際人権NGOです。日本の部落解放同盟の呼びかけにより、国内外の被差別団体や個人によって、1988年に設立されました。アジア、北米、南米、ヨーロッパの地域委員会／パートナー団体とともに、被差別マイノリティ自身による国境を越えた連携・連帯を促進しています。1993年には、日本に基盤を持つ人権NGOとしては初めて国連との協議資格を取得し、ジュネーブにも事務所を設置して、国連機関などへのはたらきかけにも力を入れています。

❁ IMADR-JCとは

反差別国際運動日本委員会（IMADR-JC）は、IMADRの日本における活動の拠点として1990年に設立されました。特に被差別部落の人びとや、アイヌ民族、沖縄の人びと、在日コリアンなど日本の旧植民地出身者およびその子孫、移住労働者・外国人などに対する差別、また、それらの集団に属する女性に対する複合差別などの撤廃に取り組んでいます。

❁ IMADRの活動内容

IMADRは、以下の活動テーマへの取り組みを通じて、差別と人種主義、それらとジェンダー差別が交差する複合差別の撤廃をめざしています。

- 職業と世系（門地／社会的出自）にもとづく差別の撤廃
- 搾取的移住・女性と子どもの人身売買の撤廃
- 先住民族の権利確立
- マイノリティの権利確立
- 司法制度における人種差別の撤廃
- 国際的な人権保障制度の発展とマイノリティによる活用の促進

草の根レベルで「立ち上がる」
差別をされてきた当事者がみずから立ち上がり、互いにつながることが、差別をなくすための第一歩です。

「理解」を深める
差別と人種主義は、被差別マイノリティのみの課題ではなく、社会全体の課題です。

「行動」につながる調査・研究
効果的な活動のためには、調査・研究が大切です。

情報と経験の「共有」
さまざまな立場・現場にいる人びとが情報と経験を共有することが、変化をもたらす源になります。

よりよい「仕組み」や「政策」を求めて
差別の被害者を救済し、奪われた権利を取り戻し、差別や人種主義を防ぐためには、政治的意志と適切な法制度が不可欠です。

❁ 大切にしている視点

EMPOWERMENT—立ち上がり
被差別の当事者が、差別をなくすためにみずから立ち上がり活動すること。

SOLIDARITY—つながり
被差別の当事者が連携、連帯すること。

ADVOCACY—基準・仕組みづくり
被差別の当事者の声と力によって、差別と人種主義の撤廃のための仕組みが強化され、それらが被差別の当事者によって効果的に活用されること。

❁ IMADRの活動に参加しませんか？

日本では、反差別国際運動日本委員会(IMADR-JC)が、IMADRの活動を担っています。IMADRへの参加には、いろいろな方法があります。

活動に参加する
IMADR-JCが発信する情報を入手したり（ニュースレターや出版物の購入、メールマガジンへの登録など）、それを周囲の人びとに紹介したり、さまざまなイベントやキャンペーン、提言活動に参加するなど、いろいろな方法で活動に参加できます。

活動を支える
賛助会員や寄付者としてIMADRの活動は、多くの個人・団体の皆さまからの賛助会費やご寄付によって支えられています。日本で入会を希望される方々には、IMADR-JCへのご入会をお勧めしています。ご入会頂いた方には、ニュースレター「IMADR-JC通信」（年4回発行）や総会の議案書、IMADR-JC 発行の書籍（A会員と団体会員のみ）をお届けします。詳細は、ウェブサイト（www.imadr.org）をご覧頂くか、IMADR-JC事務局までお問い合わせください。

IMADR-JC年会費		振込先
個人賛助会員A	1口￥10,000	郵便振替口座：00910-5-99410
個人賛助会員B	1口￥ 5,000	加入者名：反差別国際運動日本
団体賛助会員	1口￥30,000	委員会（IMADR-JC）
ニュースレター購読	￥ 3,000	

活動をつくる
ボランティアとして　さまざまな活動づくりに関わるボランティアを募集しています。ボランティアの活動内容は、文書・記録・展示物などの作成や、各企画のための翻訳、主催イベントの運営、特定の活動の推進メンバーになるなど、さまざまです。関心のある方は、IMADR-JC事務局までお問い合わせください。定期的にボランティアガイダンスも行なっています。

IMADR
WWW.IMADR.ORG
反差別国際運動日本委員会（IMADR-JC）
THE INTERNATIONAL MOVEMENT AGAINST ALL FORMS OF DISCRIMINATION AND RACISM - JAPAN COMMITTEE
〒104-0042 東京都中央区入船1-7-1 松本治一郎記念会館6階 Tel: 03-6280-3101 Fax: 03-6280-3102 Email: imadrjc@imadr.org

〔著者紹介〕

小島　優（こじま・ゆう）（第 1 ～第 4 章）

福岡県生まれ。開発コンサルタント、国際開発学博士。オランダ王立社会科学研究所卒業（Institute of Social Studies）。国連の開発計画、女性開発基金勤務後、アジアとヨーロッパの人身売買・搾取的移住労働問題を研究し、現地の人権団体とともに活動に取り組んでいる。イギリス在住。

著書に『南太平洋におけるジェンダー問題』南を考えるシリーズ No. 5（明治学院国際平和研究所、2002 年）、Women in the Trafficking-Migration Continuum: From the Perspective of Human Rights and Social Justice, Shaker, 2007; などがある。

原　由利子（はら・ゆりこ）（第 5 ～第 9 章）

福岡県生まれ。反差別国際運動（IMADR）事務局長、人身売買禁止ネットワーク（JNATIP）運営委員。創価大学卒業、英国エセックス大学人権大学院修士号取得。創価女子短期大学・明治大学非常勤講師。大阪経済法科大学アジア太平洋研究センター客員研究員。

共編著『女性差別撤廃条約と NGO』（明石書店、2003 年）『講座　人身売買』（解放出版社、2007 年）『立ち上がりつながるマイノリティ女性』（解放出版社、2008 年）など。反差別国際運動（IMADR）http://www.imadr.org

〔協力〕
齋藤百合子（明治学院大学教員・JNATIP 運営委員）
甲斐田万智子（国際子ども権利センター代表理事）
中山実生（Born Free Art School International　コーディネーター）
成田由香子（特定非営利活動法人 ACE）

世界中から人身売買がなくならないのはなぜ？

子どもからおとなまで売り買いされているという真実

2010 年 11 月 25 日　第 1 刷発行
2019 年 1 月 10 日　第 3 刷発行

著　者　小島　優／原 由利子
発行者　上野良治
発行所　合同出版株式会社
東京都千代田区神田神保町 1-44
郵便番号　101-0051
電　話　03（3294）3506　Fax 03（3294）3509
振　替　00180-9-65422
ホームページ　http://www.godo-shuppan.co.jp/
印刷・製本　新灯印刷株式会社

刊行図書リストを無料進呈いたします。

落丁乱丁の際はお取り換えいたします。


ISBN978-4-7726-0427-7　NDC360　210 × 148